Radwa El-Awadi

Seleção de fornecedores de serviços na nuvem com base na garantia de SLA

Radwa El-Awadi

Seleção de fornecedores de serviços na nuvem com base na garantia de SLA

ScienciaScripts

Imprint

Any brand names and product names mentioned in this book are subject to trademark, brand or patent protection and are trademarks or registered trademarks of their respective holders. The use of brand names, product names, common names, trade names, product descriptions etc. even without a particular marking in this work is in no way to be construed to mean that such names may be regarded as unrestricted in respect of trademark and brand protection legislation and could thus be used by anyone.

Cover image: www.ingimage.com

This book is a translation from the original published under ISBN 978-3-659-84984-8.

Publisher:
Sciencia Scripts
is a trademark of
Dodo Books Indian Ocean Ltd. and OmniScriptum S.R.L publishing group

120 High Road, East Finchley, London, N2 9ED, United Kingdom
Str. Armeneasca 28/1, office 1, Chisinau MD-2012, Republic of Moldova, Europe
Printed at: see last page
ISBN: 978-620-2-85812-0

ÍNDICE DE CONTEÚDOS

RECONHECIMENTO

Depois de agradecer a ALLAH, que me abençoou com a graça de amar a ciência e de ser um apaixonado pelo conhecimento e pela educação, o meu primeiro agradecimento vai para o Prof. Dr. Abd-el-Fattah Hegazy, por ser não só um supervisor muito dedicado e apoiante, mas também um grande professor e um pai carinhoso que me encorajou sempre a dar o meu melhor e me incentivou sempre a aprender mais na minha área e fez uma grande mudança na minha forma de pensar e interpretar as coisas.

Em segundo lugar, gostaria de agradecer muito e especialmente ao Dr. Mohamed Abu Rizka, pelo seu apoio contínuo e precioso, obrigado meu caro professor por tudo, pelas vossas reuniões regulares que foram o melhor guia que me colocou no caminho certo, por ser tão dedicado e, acima de tudo, por ter confiança nas minhas capacidades de que um dia poderei fazer algumas realizações.

Gostaria também de agradecer especialmente ao Prof. Dr. Alaa El-Ghazali por me ter orientado ao longo de todos os meus estudos, tanto a nível de licenciatura como de pós-graduação. Apreciá-lo-ei sempre como o meu primeiro professor no caminho dos estudos de investigação.

O meu maior amor, o meu respeito contínuo e a minha eterna gratidão vão para a minha mãe por ter sido uma mãe tão superior, que dedicou cada segundo da sua vida a mim e à nossa família para que crescesse, prosseguisse e tivesse sucesso. Mãe, sempre foste e serás a minha grande motivadora, a energia positiva da minha vida e a minha melhor amiga de sempre.

Ao meu grande pai, uma palavra de "obrigado" não é suficiente por tudo o que fez por mim desde a minha infância, por todo o esforço, amor e carinho com que nos rodeou, um agradecimento que merece é dedicar-lhe este trabalho e todos os meus sucessos futuros.

Ao meu irmão mais novo e melhor amigo Eng. Ibrahim, agradeço a ALLAH por te ter feito meu irmão, és simplesmente fantástico. À minha tia Prof. Nadia, sempre foi uma grande fonte de encorajamento e apoio nos meus bons e maus momentos. Também não me posso esquecer de agradecer à minha tia e segunda mãe, Dorreya, por me ter apoiado e pelo seu amor e apoio ao longo da minha vida. Gostaria também de agradecer aos meus tios Dr. Osama Yakoot e Hussien El Awady por me terem apoiado e ajudado tanto.

Para a minha querida Dodo, a minha verdadeira irmã, a minha amiga que me apoia e ajuda, a boa ouvinte que sempre esteve ao meu lado nos bons e nos maus momentos.

Ao meu melhor amigo e irmão mais velho Amr El-Nakib, a pessoa que mais me apoiou e ajudou na minha vida. Foi meu colega de turma nos cursos de pré-mestrado, a pessoa mais competente de quem tirei proveito no nosso trabalho de equipa, por isso, muito obrigado Amr pelo teu encorajamento habitual e pelo teu apoio, esperando de ALÁ que sejamos amigos para toda a vida

Um agradecimento especial também para as minhas melhores amigas de toda a vida: Amal, Nouran e Aya, que ALLAH vos abençoe e mantenha a nossa amizade para sempre.

Gostaria também de agradecer ao meu local de trabalho, a Sadat Academy, e a todos os meus amigos, colegas e estudantes, pelo ambiente de apoio que criaram para que eu pudesse trabalhar e ter sucesso. Gostaria também de agradecer à Academia Árabe para a Ciência e a Tecnologia por me ter proporcionado

a oportunidade de prosseguir com a minha carreira académica e obter o meu mestrado e agradecer a todos os meus colegas cooperantes e amigos simpáticos, desejando-lhes as maiores felicidades e que obtenham também os vossos diplomas em breve

Um grande obrigado à EMC2 Egito que me apoiou durante a parte técnica da minha investigação e me forneceu os cursos de computação em nuvem, pois sem a vossa cooperação este trabalho não teria existido. Um agradecimento muito especial ao Eng. Mohamed Essam por me ter ajudado a testar o modelo. Por fim, os meus mais sinceros agradecimentos ao Eng. Sameh Talaat, o instrutor dos meus cursos, que me encorajou muito e me deu ideias benéficas.

Por último, mas não menos importante, gostaria de dedicar todo este trabalho à alma da minha avó, que a sua alma descanse em paz.

RESUMO

A computação em nuvem tornou-se uma tecnologia promissora que oferece um serviço comoditizado para o software, a plataforma e a infraestrutura em que são fornecidos como um serviço. Enfrenta vários desafios, um dos quais é responder às necessidades dos clientes a pedido.

Isto só será conseguido através da criação de um acordo, designado por Acordo de Nível de Serviço (SLA), que garanta os direitos dos Clientes. Além disso, estão a surgir cada vez mais fornecedores, pelo que é difícil para os clientes seleccionarem o mais fiável. É importante ter uma metodologia que possa mapear os requisitos dos Clientes que são chamados no SLA; Objetivo de Nível de Serviço (SLO), de modo a determinar os diferentes critérios para selecionar os melhores Fornecedores de Cloud.

Assim, neste trabalho, apresentamos uma estrutura que pretende capacitar os clientes a selecionar os fornecedores de serviços em nuvem mais fiáveis, avaliar e classificar entre as diferentes ofertas de serviços em nuvem com base nos seus requisitos. Também apresenta uma abordagem que permite aos clientes de serviços em nuvem solicitar um serviço através de uma interface de utilizador baseada na Web. Os clientes podem selecionar um serviço a partir de um catálogo de serviços que está disponível através da interface do utilizador.

Este quadro proposto fornece um mecanismo de autenticação integrado com a medição dos parâmetros de qualidade de serviço (QoS), a fim de permitir que os clientes tomem a decisão correta de selecionar o fornecedor certo que satisfaça as especificações dos seus requisitos e, subsequentemente, criem e formalizem as especificações do SLA que devem ser garantidas pelo fornecedor.

LISTA DE ACRÓNIMOS/ABREVIATURAS

IaaS	Infrastructure as a Service
PaaS	Platform as a Service
SaaS	Software as a Service
CAPEX	Capital Expenditure
SLA	Service-Level Agreement
WSA	Web-Service Agreement
CSLAM	Cloud-Service Level Agreement Management
QoS	Quality of Service
KPIs	Key Performance Indicators
SLO	Service Level Objectives
CI	Configuration Items
VM	Virtual Machine
VDC	Virtual Data Center
VCloud Director	Virtual Cloud Director
CA	Coordinator Agent
TP	Third-Party
RU	Recommendation Users
PIE	Policy Implementation Engine
CI	Collective Intelligence
CSMIC	Cloud Service Measurement Index Consortium
SMI	Service Measurement Index
RU	Resource utilization
IRT	Infrastructure Response time
ART	Application Response time
TB	Time Behaviour
AoS	Accuracy of Service
FT	Fault Tolerance
UoS	Understandability of Service
AoS	Awarability of Service
CoV	Coverage of Variability
CF	Commonality feature
AHP	Analytical Hierarchy Process
RSRV	Relative Service Ranking Vector
RSRM	Relative Service Ranking Matrix

PUBLICAÇÕES

PUBLICAÇÃO I

"Uma estrutura para selecionar o fornecedor de serviços em nuvem com base na garantia do acordo SLA"

Radwa El-Awadi, Mohamed Esam, Mohamed Abu-Rizka, Abd El-Fattah-Hegazy

Actas da Conferência Internacional de 2014 sobre Fundamentos da Ciência da Computação (FCS'14/ISBN #:1-60132-270-4/CSREA), pp.: [70-77)], Las Vegas, EUA, 2014.

Ano de publicação: 2014 Publicação da Conferência Elsevier

Capítulo I

INTRODUÇÃO

1.1 Visão geral

Neste capítulo, a motivação será discutida na secção 1.2. Em seguida, na secção 1.3, será ilustrada a declaração do problema. A metodologia de investigação será introduzida na secção 1.4. Posteriormente, na secção 1.5, será discutida a contribuição da tese. Finalmente, a organização da tese é apresentada na secção 1.6.

1.2 Motivação

A computação em nuvem é uma nova tendência no domínio das TI em que os recursos informáticos são fornecidos como um serviço. Estes recursos informáticos são oferecidos sob a forma de planos de pagamento conforme o uso e, por isso, tornaram-se mais atractivos para os clientes em termos de custos do que as infra-estruturas tradicionais. À medida que os clientes delegam as suas tarefas a cada vez mais fornecedores de serviços em nuvem, é importante que exista um acordo de nível de serviço (SLA) entre os clientes e os fornecedores, o que o torna um desempenho fundamental.

O SLA refere-se às obrigações contratuais entre um cliente de serviços e um fornecedor de serviços, representando garantias de parâmetros de qualidade de serviço (QoS) que são definidos no SLA como objectivos de nível de serviço (SLO), ou seja, prioridades do cliente de serviços e promessas do fornecedor de serviços [24]. [Deve também conter um conjunto de cláusulas de penalização que especifiquem o que acontece quando os prestadores de serviços não cumprem a qualidade predefinida.

Com esta diversidade de ofertas de serviços em nuvem, um desafio importante para os clientes é avaliar os níveis de serviço dos diferentes fornecedores de serviços em nuvem de uma forma objetiva, de modo a garantir a qualidade, a fiabilidade e a segurança de uma aplicação.

Os fornecedores de serviços em nuvem podem ser classificados com base na confiança que um utilizador pode ter neles. A confiança é a estimativa da competência de um fornecedor de recursos na realização de uma tarefa com base nos parâmetros de QoS.

A formação automatizada de SLA exige uma definição precisa e inequívoca do acordo, bem como motores personalizáveis para apoiar a negociação automatizada dos pormenores do acordo para ambas as partes contratantes.

Como os clientes da nuvem não estão cientes do processo de verificação do SLA, é necessário ter um terceiro de confiança que gerencie e monitore as verificações e a garantia do SLA.

1.3 Declaração do problema

A confiança na computação em nuvem, a diversidade das ofertas de serviços em nuvem e o elevado número de fornecedores de serviços em nuvem tornam necessário que os clientes avaliem os níveis de serviço dos diferentes fornecedores de serviços em nuvem de uma forma objetiva, o que exige uma metodologia que possa mapear os requisitos dos clientes.

Muitos clientes ainda estão cépticos em relação às promessas de QoS dos fornecedores de serviços de computação em nuvem devido à diferença entre essas promessas e os SLA que esses fornecedores oferecem - se é que oferecem algum. Os termos e condições desses SLAs limitam o seu âmbito e a sua indemnização.

> Âmbito - a maioria dos SLAs apenas garante o tempo de atividade, não o desempenho, por exemplo. A manutenção programada não é considerada tempo de inatividade e, nalguns casos, nem as interrupções inferiores a uma duração

especificada (por exemplo, dez minutos).

> Compensação - muitos limitam os reembolsos a créditos contra encargos futuros. Os créditos são calculados em função do tempo perdido em relação ao tempo de atividade prometido, ou limitados a pequenas percentagens das taxas mensais. Em muitos casos, a eventual reparação é reactiva e não proactiva: Os clientes têm de a pedir.

Muitos SLAs são contratos de duração indeterminada. Os fornecedores podem retirar os seus serviços à vontade ou fazer alterações às suas ofertas sem que os utilizadores finais tenham qualquer palavra a dizer.

Por conseguinte, este estudo de investigação centra-se em dois objectivos principais. O primeiro objetivo é propor uma estrutura que possa ajudar os clientes a selecionar o fornecedor mais fiável e visa facilitar uma adoção mais ampla dos serviços em nuvem e permitir que os fornecedores ofereçam um conjunto mais amplo de serviços através de uma abordagem que recomende aos clientes o fornecedor de serviços que corresponda às suas especificações de interesse e permita o fornecimento de garantias de QoS. O segundo objetivo é a criação de um acordo que se designa por Acordo de Nível de Serviço (SLA). Este garante os direitos dos clientes e mapeia as suas especificações através da composição dos Objectivos de Nível de Serviço (SLO) com Indicadores-Chave de Desempenho (KPI) fiáveis, com maior precisão, para gerir e colmatar o fosso entre a qualidade do serviço (QoS) e a realidade do SLA.

Neste contexto, medir a qualidade do serviço através de uma métrica que contenha parâmetros de QoS é a única solução possível para avaliar o desempenho e classificar entre esta enorme diversidade de fornecedores, permitindo aos clientes selecionar o mais fiável.

1.4 Metodologia de investigação

O âmbito da investigação centra-se na seleção dos fornecedores de serviços de computação em nuvem mais fiáveis e classificados que ofereçam e garantam as especificações do SLA de acordo com os interesses dos clientes de computação em nuvem e que lhes permitam comparar diferentes ofertas de computação em nuvem, de acordo com as suas prioridades e ao longo de várias dimensões, e selecionar o que for adequado às suas necessidades. Para alcançar esta abordagem, a seguinte metodologia centrar-se-á em:

> Definir o problema da seleção dos fornecedores de serviços de computação em nuvem mais fiáveis e classificados que ofereçam e garantam as especificações do SLA de acordo com os interesses dos clientes de computação em nuvem

> Identificar as motivações com o papel do SLA além da estratégia de QoS na adoção de serviços em nuvem entre clientes e provedores.

> Ilustrando a revisão da literatura de trabalhos anteriores: pesquisamos os esforços para abordar a Gestão de Acordos de Nível de Serviço em Nuvem (CSLAM) e investigamos as técnicas existentes na literatura para determinar os pontos fortes e as limitações das estruturas de SLA em nuvem existentes.

> Apresentação do quadro proposto Conceção concetual: permite que os clientes definam as especificações dos seus requisitos através de um mecanismo que recomenda aos clientes o prestador de serviços mais fiável

Para a avaliação do desempenho do quadro proposto baseado na gestão de serviços na nuvem, é adotada a seguinte metodologia.

> Avaliação das métricas selecionadas dos KPIs de QoS da Nuvem

> Construir a referência para a avaliação da utilização dos recursos e testar o cenário para o desempenho do tempo de resposta.

> Ferramentas de software IOMETER e OPNET que estão instaladas na nuvem de testes EMC^2 para a avaliação do desempenho

1.5 Contribuição para a tese

A tese contribuirá para este domínio de investigação através de:

> Categorizar os processos de Gestão de Serviços em Nuvem que permitem e optimizam os serviços em Nuvem de forma a satisfazer os requisitos comerciais e fornecer valor aos Clientes.

> Melhorar o processo de procura do serviço pretendido entre a diversidade de ofertas de serviços em nuvem de diferentes fornecedores de serviços em nuvem através da solução VCloud Diretor, que autentica as identidades dos consumidores antes de lhes permitir solicitar serviços

> Avaliação dos trabalhos existentes relacionados com a gestão de serviços em nuvem com base no SLA e na recomendação dos fornecedores de serviços em nuvem.

> A implementação de uma estrutura dependente para refletir a nova abordagem, que é diferente dos trabalhos anteriores, é utilizada para recomendar aos clientes os fornecedores classificados que satisfazem os seus requisitos de QoS.

> Integrar o processo de negociação automatizado entre os agentes de computação em nuvem com a medição de métricas de QoS através da obtenção da garantia de SLA, a fim de classificar os fornecedores de computação em nuvem mais fiáveis com base nos requisitos e especificações dos clientes de computação em nuvem.

> Avaliar o desempenho da nuvem de testes através da utilização de recursos utilizando o Iometer modular e o tempo de resposta das consultas dos utilizadores concebendo a topologia da rede através do opnet simulation modular para medir a eficiência dos recursos solicitados pelo utilizador

1.6 Organização da tese

Esta tese está organizada em cinco capítulos. O primeiro capítulo apresenta a introdução, fornecendo a motivação, bem como a metodologia de investigação, a definição do problema e a contribuição para a tese.

O segundo capítulo identifica os antecedentes e os trabalhos relacionados, incluindo o quadro da infraestrutura de computação em nuvem, os modelos de implantação, o SLA baseado na computação em nuvem e os quadros de seleção dos fornecedores de serviços de computação em nuvem.

O capítulo três descreve a abordagem de investigação proposta para selecionar o fornecedor de serviços na Nuvem com base na garantia do SLA, incluindo os seus objectivos, para além da conceção concetual proposta descrita em pormenor.

O capítulo quatro apresenta uma panorâmica do estudo experimental e da avaliação do desempenho obtida com as medidas de QoS.

Por fim, o capítulo 5 conclui a essência desta tese e orienta os estudos para trabalhos futuros.

Capítulo II

ANTECEDENTES E TRABALHOS CONEXOS

2.1 Introdução

A secção 2.2 apresentará as definições básicas da computação em nuvem e as suas caraterísticas, dedicando-se às suas tecnologias e à sua abordagem em camadas. Esta secção também introduzirá a estrutura da infraestrutura de computação em nuvem e a sua arquitetura de referência. Por fim, descreverá brevemente os desafios da Computação em Nuvem na perspetiva dos Provedores e dos Clientes. A Secção 2.3 apresentará trabalhos relacionados com o SLA baseado na Nuvem e com as estruturas de seleção de Fornecedores

2.2 Visão geral da computação em nuvem

2.2.1 Definições de computação em nuvem

De acordo com a definição do National Institute of Standards and Technologies (NIST), "a computação em nuvem é um modelo que permite o acesso ubíquo, conveniente e a pedido à rede a um conjunto partilhado de recursos de computação configuráveis (por exemplo, redes, servidores, armazenamento, aplicações e serviços) que podem ser rapidamente aprovisionados e libertados com um esforço mínimo de gestão ou de interação com o fornecedor de serviços". [1]

A LUIT INFOTECH definiu a computação em nuvem como "computação baseada na Internet em que servidores virtuais partilhados fornecem software, infra-estruturas, plataformas, dispositivos e outros recursos e alojamento aos clientes numa base de pagamento consoante a utilização". [2]

2.2.2 Caraterísticas da computação em nuvem

A definição de computação em nuvem do NIST indica que a infraestrutura de nuvem deve ter essencialmente cinco caraterísticas principais [1], como mostra a Figura 2-1.

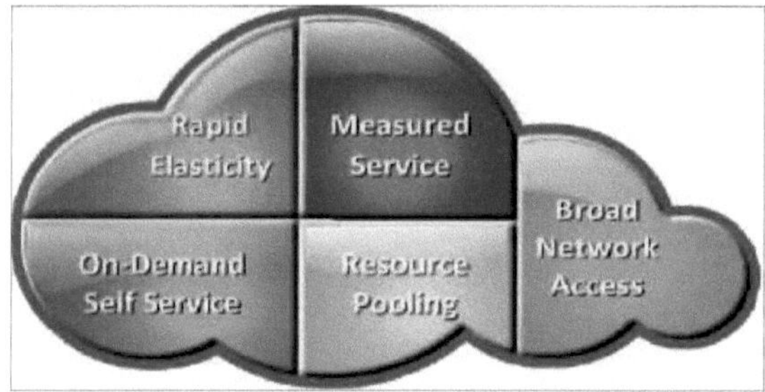

Figura 2-1: Caraterísticas essenciais da computação em nuvem

Autosserviço a pedido

Os aspectos a pedido e de autosserviço da computação em nuvem significam que um cliente pode utilizar os serviços em nuvem conforme necessário, sem qualquer intervenção humana junto do fornecedor de serviços em nuvem. Ao utilizar a interface de autosserviço, os clientes podem adotar os serviços de computação em nuvem solicitando

recursos informáticos necessários a partir do catálogo de serviços. Para ser eficaz e aceitável para o cliente, a interface de autosserviço deve ser de fácil utilização.

■ **Acesso alargado à rede**

Os serviços de computação em nuvem são acedidos através da rede, normalmente a Internet, a partir de uma vasta gama de plataformas do Cliente, como o computador de secretária, o computador portátil, o telemóvel e o thin Customer. Tradicionalmente, os softwares, como o Microsoft Word ou o Microsoft PowerPoint, são oferecidos como software baseado no Cliente. Os utilizadores têm de instalar o software nos seus computadores para poderem utilizar esta aplicação de software. Não é possível aceder a este software se o utilizador estiver longe do computador onde o software está instalado. Atualmente, grande parte do software utilizado pode ser acedido através da Internet. Por exemplo, o Google Docs, um criador e editor de documentos baseado na Web, permite que os Utilizadores acedam e editem documentos a partir de qualquer dispositivo com ligação à Internet, eliminando a necessidade de ter acesso a uma plataforma específica do Cliente para editar documentos.

■ **Pooling de recursos**

Uma Nuvem deve ter um pool de recursos grande e flexível para atender às necessidades do Cliente, proporcionar economias de escala e atender aos requisitos de nível de serviço. Os recursos (computação, armazenamento e rede) do pool são atribuídos dinamicamente a vários clientes com base num modelo de multilocatário. O multilocatário refere-se a uma arquitetura e design através dos quais vários clientes independentes (locatários) são servidos utilizando um único conjunto de recursos. Numa Nuvem, um Cliente (inquilino) pode ser um Utilizador, um grupo de Utilizadores ou uma organização/empresa. O multilocatário permite que os recursos de computação, armazenamento e rede sejam partilhados entre vários clientes. A virtualização fornece maneiras de permitir o multilocatário na nuvem. Por exemplo, várias VMs de diferentes clientes podem ser executadas simultaneamente no mesmo servidor com o suporte do hipervisor.

■ **Elasticidade rápida**

A elasticidade rápida refere-se à capacidade da Nuvem de expandir ou reduzir os recursos informáticos atribuídos de forma rápida e eficiente. Esta atribuição pode ser feita automaticamente sem qualquer interrupção do serviço. Os clientes tirarão partido da Nuvem quando tiverem grandes flutuações na utilização dos seus recursos de TI. Por exemplo, uma organização pode ter de duplicar o número de servidores Web e de aplicações durante toda a duração de uma tarefa específica. Não quereria pagar a despesa de capital de ter servidores inactivos no chão a maior parte do tempo e também quereria libertar esses recursos de servidor após a conclusão da tarefa. A Nuvem permite aumentar e diminuir esses recursos de forma dinâmica e permite que as organizações paguem com base na utilização.

■ **Serviço medido**

O serviço medido fornece informações de faturação e estorno para o recurso Cloud utilizado pelo Cliente. Os serviços medidos monitorizam continuamente a utilização dos recursos (tempo de CPU, largura de banda, capacidade de armazenamento) e comunicam o mesmo ao Cliente. Os serviços medidos permitem transformar as despesas de capital (CAPEX) em custos operacionais "pagos consoante a utilização".

2.2.3 Exemplos de ofertas na nuvem

As organizações podem necessitar de expandir rapidamente as suas actividades, o que as pode obrigar a aumentar a infraestrutura de TI, acrescentando novos servidores, dispositivos de armazenamento, largura de banda de rede, etc. Os dados críticos da empresa devem ser protegidos e estar disponíveis para o utilizador pretendido, o que, por sua vez, exige uma infraestrutura de segurança dos dados e de recuperação de desastres. À medida que as despesas de capital aumentam para cumprir os requisitos, o risco associado ao investimento também aumenta. Para as pequenas e médias empresas, este pode ser um grande desafio, que acaba por limitar o crescimento da sua atividade. Como indivíduo, pode não ser sensato ou acessível comprar sempre novas aplicações se estas forem necessárias apenas por um curto período. Em vez de comprar novos recursos, os recursos da Nuvem são contratados com base no pagamento por utilização, sem envolver quaisquer despesas de capital. Conforme mostrado na Figura 2-2, os provedores de serviços de nuvem oferecem acesso à rede sob demanda para recursos de computação configuráveis, como servidores, armazenamento, rede e aplicativos. Os clientes (organizações ou indivíduos) podem aumentar ou diminuir a procura de recursos informáticos com um esforço mínimo de gestão ou de interação com o fornecedor de serviços. Os clientes podem tirar partido da experiência do fornecedor de serviços de computação em nuvem para armazenar, proteger, efetuar cópias de segurança e replicar dados com base na tecnologia mais avançada, o que, de outro modo, teria custos mais elevados.

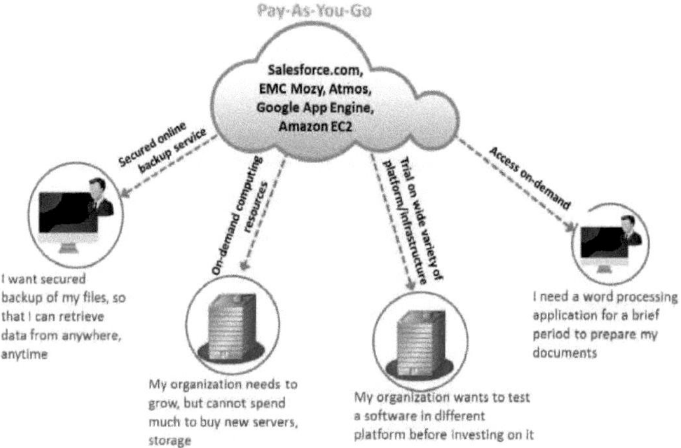

Figura 2-2: Ofertas de serviços em nuvem

2.2.4 Benefícios da computação em nuvem

A computação em nuvem oferece várias caraterísticas interessantes que a tornam atractiva para os proprietários de empresas. [3]

- **Redução dos custos de TI:**

Os serviços em nuvem podem ser contratados. Por conseguinte, os clientes podem poupar dinheiro, uma vez que não são necessárias despesas de capital ou CAPEX. Os clientes podem aproveitar a infraestrutura do provedor de serviços em nuvem. Assim, não há despesas contínuas para administrar um data center, como o custo de energia, refrigeração e gerenciamento. Além disso, o custo do imóvel pode ser minimizado.

- **Apoio à agilidade empresarial:**

A velocidade a que uma nova capacidade de computação pode ser aprovisionada é um elemento vital da computação em nuvem. A nuvem pode reduzir o tempo necessário para o aprovisionamento e a implantação de novas aplicações e serviços de meses para minutos. A nuvem permite que as organizações reajam mais rapidamente às condições do mercado e permite aumentar e diminuir os recursos, conforme necessário.

- **Escalonamento flexível:**

Uma Nuvem pode ser fácil e instantaneamente aumentada e reduzida com base na procura. Para os clientes, parece que os recursos da Nuvem são expansíveis até um limite infinito. Os utilizadores de serviços de computação em nuvem podem escalar de forma independente e automática as suas capacidades de computação sem qualquer interação com os fornecedores de serviços de computação em nuvem.

- **Alta disponibilidade:**

A computação em nuvem tem a capacidade de garantir a disponibilidade das aplicações a níveis variáveis, consoante a política do cliente e a prioridade da aplicação. Servidor redundante, recursos de rede e equipamento de armazenamento, juntamente com a infraestrutura de software em nuvem em cluster. Estas técnicas abrangem várias regiões geográficas que têm uma configuração de recursos idêntica. Assim, evita-se a indisponibilidade de dados devido a falhas regionais.

- **Menor consumo de energia:**

"Tornar-se ecológico" é um objetivo importante para muitas organizações. A nuvem permite às organizações reduzir o consumo de energia e a utilização de espaço.

2.2.5 Serviços em nuvem e modelos de implantação

2.2.5.1 Modelos de serviços em nuvem

A computação em nuvem utiliza um modelo de negócio orientado para os serviços. Por outras palavras, os recursos ao nível do hardware, da plataforma e do software são fornecidos como serviços numa base a pedido. [1] [3]

Os modelos de serviços em nuvem podem ser classificados em três categorias:

Infraestrutura como serviço (IaaS)

Plataforma como um serviço (PaaS) Software como um serviço (SaaS)

Infraestrutura como serviço (IaaS)

É a camada de base da pilha de Nuvem. Ela serve como base para as outras duas camadas (SaaS, PaaS) para sua execução. A infraestrutura de nuvem, como servidores, roteadores, armazenamento e outros componentes de rede, é fornecida pelo provedor de IaaS, conforme mostrado na Figura 2-3. O cliente contrata estes recursos como um serviço baseado nas necessidades e paga apenas pela utilização.

O Cliente pode implementar e executar qualquer software, que pode incluir sistemas operativos e aplicações. O cliente não gere nem controla a infraestrutura subjacente da nuvem, mas tem controlo sobre o sistema operativo e as aplicações implantadas. Aqui, o cliente precisa de conhecer os requisitos de recursos para a aplicação específica para explorar bem o IaaS. O escalonamento e a elasticidade são da responsabilidade do cliente e não do fornecedor. De facto, a IaaS é um mini centro de dados do tipo "faça você mesmo", em que é necessário configurar os recursos (servidor, armazenamento) e fazer o trabalho.

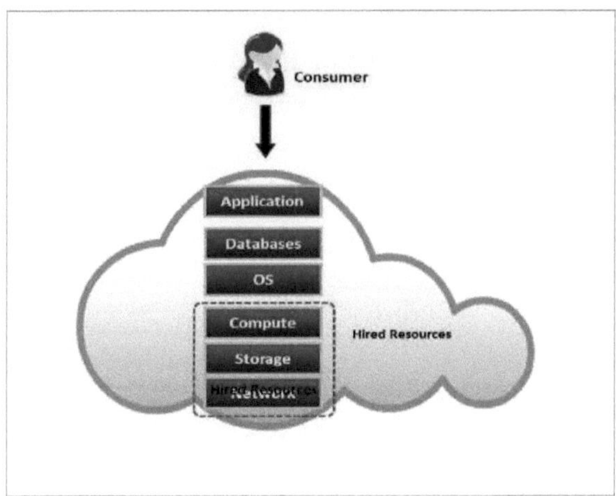

Figura 2-3: Modelo de infraestrutura como serviço

- **Plataforma como um serviço (PaaS)**

A plataforma como serviço é a capacidade fornecida ao cliente para implantar aplicações criadas ou adquiridas pelo cliente na infraestrutura de nuvem. Conforme mostrado na Figura 2-4, a PaaS pode ser amplamente definida como ambientes de desenvolvimento de aplicações oferecidos como um "serviço" pelo provedor de nuvem. O cliente utiliza essas plataformas que normalmente possuem um ambiente de desenvolvimento integrado (IDE), que inclui editor e compiladores para construir e implantar recursos para desenvolver suas aplicações. Em seguida, implementa as aplicações na infraestrutura oferecida pelo fornecedor de serviços de computação em nuvem. Quando os clientes escrevem as suas aplicações para serem executadas na plataforma de software do fornecedor de PaaS, a elasticidade e a escalabilidade são garantidas de forma transparente pela plataforma PaaS. Neste caso, o cliente não gere nem controla a infraestrutura de computação em nuvem subjacente, como a rede, os servidores, os sistemas operacionais e o armazenamento, mas controla as aplicações implantadas e, eventualmente, as configurações do ambiente de alojamento das aplicações. No caso da PaaS, os clientes pagam apenas pelos componentes de software da plataforma, como bases de dados, instâncias do sistema operativo e middleware, que incluem os custos de infraestrutura associados.

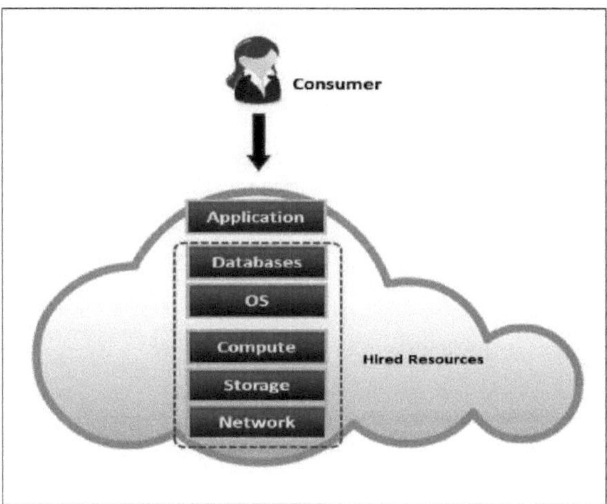

Figura 2-4: Modelo de plataforma como serviço

- **Software como um serviço (SaaS)**

O SaaS é a camada superior da pilha de computação em nuvem, que é diretamente consumida pelo utilizador final. É a capacidade, fornecida ao cliente, de utilizar as aplicações do fornecedor de serviços executadas numa infraestrutura de computação em nuvem. É acessível a partir de vários dispositivos do cliente através de uma interface fina do cliente, como um navegador Web. As aplicações no local são bastante dispendiosas e exigem um CAPEX (Capital Expenditure) inicial elevado. Também implicam custos administrativos significativos. Num modelo SaaS, as aplicações como a gestão das relações com os clientes (CRM), o correio eletrónico e as mensagens instantâneas (IM) são oferecidas como um "serviço" pelo fornecedor de serviços em nuvem. Neste caso, os clientes utilizam apenas as aplicações que realmente pretendem e pagam uma taxa de subscrição pela sua utilização. Como mostra a figura 2-5, o provedor de serviços em nuvem hospedará e gerenciará a infraestrutura e os aplicativos necessários para dar suporte a esses serviços

O SaaS oferece as seguintes vantagens:

- Reduz a necessidade de infra-estruturas porque as capacidades de armazenamento e de computação podem ser fornecidas remotamente.

- Reduz a necessidade de actualizações manuais porque os fornecedores de SaaS podem realizar essas tarefas automaticamente.

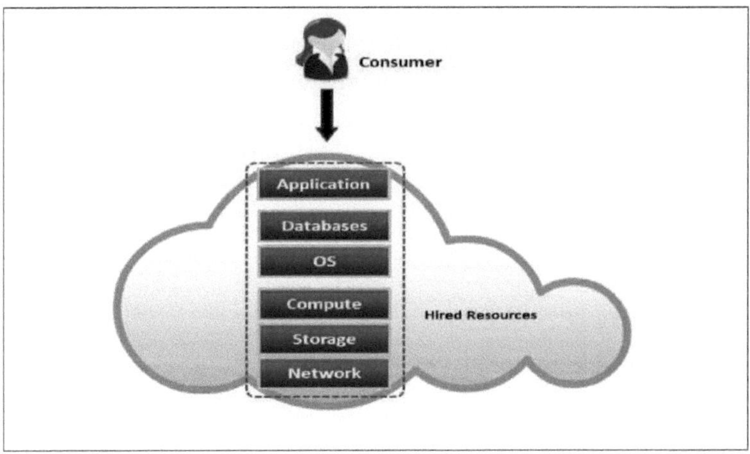

Figura 2-5: Modelo de software como serviço.

2.2.5.2 Modelos de implementação na nuvem

A computação em nuvem pode ser classificada em três modelos de implantação. Estes modelos fornecem uma base para a forma como as infra-estruturas de computação em nuvem são construídas e consumidas. São classificados em:

- Privado

- Público

- Híbrido.

- Comunidade

A Figura 2-6 mostra que, numa Nuvem Pública, os recursos de TI são disponibilizados ao público em geral ou às organizações e são propriedade do Fornecedor de Serviços de Nuvem. Os serviços de Nuvem são acessíveis a todos através de ligações normais à Internet. Em uma Nuvem pública, um Provedor de serviços disponibiliza recursos de TI, como aplicativos, capacidade de armazenamento ou ciclos de computação do servidor, para qualquer Cliente. Este modelo pode ser considerado como um ambiente "on-demand" e "pay-as-you-go", onde não existem requisitos de infraestrutura ou de gestão no local. No entanto, para as organizações, estas vantagens implicam alguns riscos: ausência de controlo sobre os recursos na Nuvem, segurança dos dados confidenciais, problemas de desempenho da rede e interoperabilidade. Exemplos populares de Nuvens públicas incluem o Elastic Compute Cloud (EC2) da Amazon, o Google Apps e o Salesforce.com.

Figura 2-6: Modelo de nuvem pública.

Numa Nuvem privada, a infraestrutura da Nuvem é operada apenas para uma organização e não é partilhada com outras organizações. Este modelo de Nuvem oferece o maior nível de segurança e controlo. Há duas variações para uma Nuvem privada, conforme mostrado na Figura 2-7:

- **Nuvem privada no local:** As nuvens privadas no local, também conhecidas como nuvens internas, são hospedadas por uma organização em seus próprios data centers. Esse modelo oferece um processo e uma proteção mais padronizados, mas é limitado em termos de tamanho e escalabilidade. As organizações também precisariam incorrer em custos operacionais e de capital para os recursos físicos. Este modelo é mais adequado para aplicações que requerem controlo total, configurabilidade da infraestrutura e segurança.

- **Nuvem privada hospedada externamente:** Este tipo de Nuvem privada é hospedado externamente com um Provedor de Nuvem, onde o Provedor facilita um ambiente de Nuvem exclusivo para uma organização específica com garantia total de privacidade ou confidencialidade. Este tipo é mais adequado para organizações que não preferem uma Nuvem pública devido a preocupações com a privacidade/segurança dos dados.

Tal como uma Nuvem pública, uma Nuvem privada também permite o aprovisionamento de um pedido de serviço automatizado em vez de uma tarefa manual processada pelas TI. Na Nuvem privada no local, as organizações terão de executar o seu próprio hardware, armazenamento, rede, hipervisor e software de Nuvem. Muitas empresas, incluindo a EMC, a Cisco, a IBM, a Microsoft, a Oracle e a Vmware, oferecem atualmente plataformas e serviços de Nuvem para criar e gerir uma Nuvem privada.

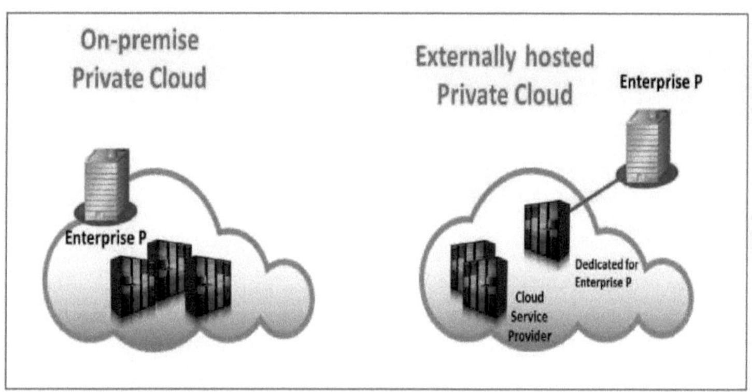

Figura 2-7: Modelo de nuvem privada.

2.2.6 Arquitetura de referência da computação em nuvem

A arquitetura de referência do NIST descreve cinco intervenientes principais com as suas funções e responsabilidades, utilizando a taxonomia da computação em nuvem recentemente desenvolvida, como mostra a Figura 2-8. [4]

Os cinco principais actores participantes são o *consumidor de serviços em nuvem, o fornecedor de serviços em nuvem, o corretor de serviços em nuvem, o auditor de serviços em nuvem* e o *transportador de serviços em nuvem*. Estes indivíduos principais têm papéis fundamentais no domínio da computação em nuvem. Por exemplo, um **cliente de computação** em nuvem é um indivíduo ou uma organização que adquire e utiliza produtos e serviços de computação em nuvem. O fornecedor de produtos e serviços é o **fornecedor** de serviços de **computação em nuvem**. Devido às potenciais ofertas de serviços (software, plataforma ou infraestrutura) permitidas pelo fornecedor de serviços de computação em nuvem, haverá uma mudança no nível de responsabilidades por alguns aspectos do âmbito da gestão, da segurança e da configuração. O **corretor de serviços de computação** em nuvem actua como intermediário entre o cliente e o fornecedor, ajudando os clientes através da qualidade das ofertas de serviços de computação em nuvem e criando serviços de computação em nuvem de valor acrescentado O **auditor de serviços de computação** em nuvem fornece uma função inerente valiosa ao realizar o desempenho independente e a monitorização da segurança dos serviços de computação em nuvem. O **transportador de** serviços de computação em nuvem é a organização que tem a responsabilidade de transferir o acordo de nível de serviço de computação em nuvem do fornecedor de serviços de computação em nuvem para o cliente.

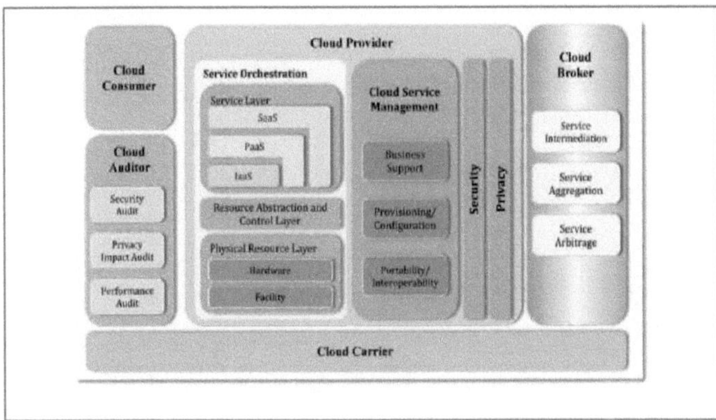

Figura 2-8: Arquitetura de referência da computação em nuvem. [4]

2.2.7 Taxonomia da nuvem

A taxonomia é o ramo da ciência que se ocupa da classificação. A Taxonomia de Nuvem na Figura 2-9 está provisionando a Função, Atividade, de cada agente de Nuvem na Arquitetura de Referência de Nuvem anterior.

Além disso, a componente e a subcomponente referem-se aos processos, acções ou tarefas específicas que devem ser realizadas para atingir o objetivo de uma atividade específica. [4]

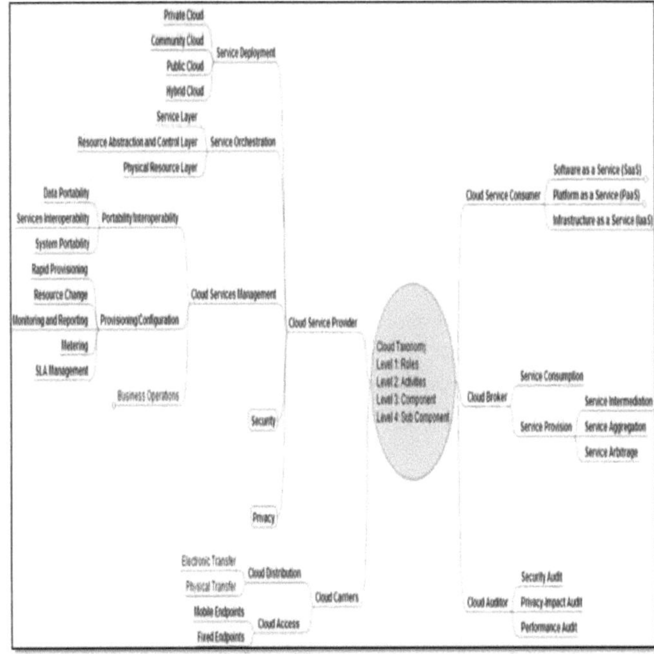

Figura 2-9: Arquitetura da taxonomia da nuvem. [4]

2.2.8 Estrutura da infraestrutura de nuvem

A estrutura da infraestrutura de computação em nuvem é constituída pelos seguintes componentes, conforme ilustrado na Figura 2-10

o Infraestrutura física o Infraestrutura virtual

o Aplicações e software de plataforma

o Ferramentas de gestão de infra-estruturas de nuvem e de criação de serviços

Os recursos dos componentes acima referidos são agregados para fornecer serviços em nuvem.

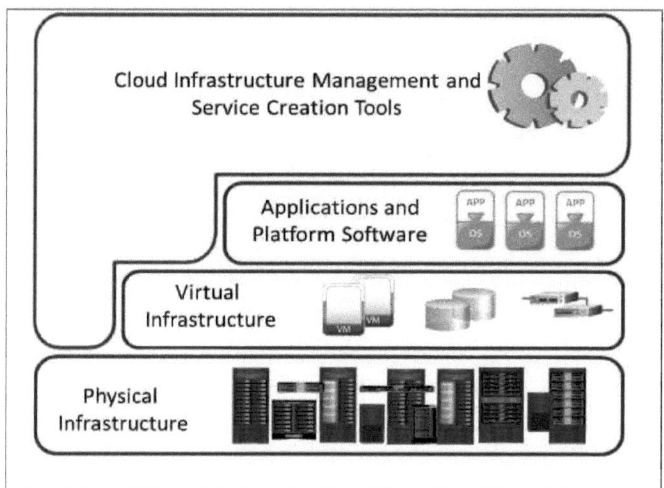

Figura 2-10: Estrutura da infraestrutura de computação em nuvem. [20]

A infraestrutura física consiste em recursos físicos de TI que incluem servidores físicos, sistemas de armazenamento e componentes físicos de rede, tais como adaptadores físicos, comutadores e routers. Os servidores físicos estão ligados entre si, aos sistemas de armazenamento e aos clientes através de redes físicas, como a rede IP, FC SAN, IP SAN ou rede FcoE. [26]

Os fornecedores de serviços de computação em nuvem podem utilizar recursos físicos de TI de um ou mais centros de dados para fornecer serviços. Se os recursos físicos de TI estiverem distribuídos por vários centros de dados, é necessário estabelecer a conetividade entre eles. A conetividade permite que os centros de dados em diferentes locais funcionem como um único grande centro de dados. Isso permite tanto a migração de serviços em nuvem entre centros de dados quanto o provisionamento de serviços em nuvem usando recursos de vários centros de dados. [27]

A infraestrutura virtual é constituída pelos seguintes recursos:

o Conjuntos de recursos, tais como conjuntos de CPU, conjuntos de memória, conjuntos de largura de banda de rede e conjuntos de armazenamento

o Conjuntos de identidades, tais como conjuntos de VLAN ID, conjuntos de VSAN ID e conjuntos de endereços MAC

o Os recursos virtuais de TI consistem em:

-    VMs, volumes virtuais e redes virtuais

- Componentes de rede da VM, como comutadores virtuais e NICs virtuais

Os recursos virtuais de TI obtêm capacidades como ciclos de CPU, memória, largura de banda de rede e espaço de armazenamento dos pools de recursos. As redes virtuais são definidas usando identificadores de rede, como IDs de VLAN e IDs de VSAN dos respectivos pools de identidade. Os endereços MAC são atribuídos às NICs virtuais a partir do pool de endereços MAC.

As camadas de software de aplicações e de plataforma incluem um conjunto de software como:

o Aplicações comerciais

o Sistemas operativos e base de dados. Estas aplicações são necessárias para criar ambientes para a execução de aplicações.

o Ferramentas de migração

o As aplicações e o software de plataforma são alojados em VMs para criar software como serviço (SaaS) e plataforma como serviço (PaaS).

No caso do SaaS, as aplicações e o software de plataforma são fornecidos pelos fornecedores de serviços de computação em nuvem. No caso do PaaS, apenas o software de plataforma é fornecido pelos fornecedores de serviços em nuvem; os clientes exportam as suas aplicações para a nuvem. Na infraestrutura como serviço (IaaS), os clientes carregam as aplicações e o software de plataforma para a Nuvem. Os fornecedores de serviços de computação em nuvem fornecem ferramentas de migração aos clientes, permitindo a implantação das suas aplicações e do software de plataforma na computação em nuvem.

As ferramentas de gestão das infra-estruturas de computação em nuvem e de criação de serviços são responsáveis pela gestão das infra-estruturas físicas e virtuais. Permitem que os clientes solicitem serviços de computação em nuvem; fornecem serviços de computação em nuvem com base nos pedidos dos clientes e permitem que os clientes utilizem os serviços. As ferramentas de gestão da infraestrutura de computação em nuvem e de criação de serviços automatizam o processamento dos pedidos dos clientes e a criação de serviços de computação em nuvem. Também fornecem aos administradores uma interface de gestão única para gerir recursos distribuídos em vários centros de dados virtualizados (VDCs).

As ferramentas de gestão da nuvem são classificadas como:

o Software de gestão de infra-estruturas virtuais: Permite a gestão de recursos de infra-estruturas físicas e virtuais.

o Software de gestão unificado: Responsável pela criação de serviços em nuvem.

o Software de gestão do acesso dos utilizadores: Permite que os clientes solicitem serviços na nuvem.

Estas aplicações interagem entre si para automatizar o aprovisionamento dos serviços em nuvem.

2.2.9 Desafios da computação em nuvem

Existem vários desafios na perspetiva da adoção da computação em nuvem. [25] Tanto os clientes como os fornecedores de serviços de computação em nuvem têm os seus próprios desafios, como mostra a Figura 2-11.

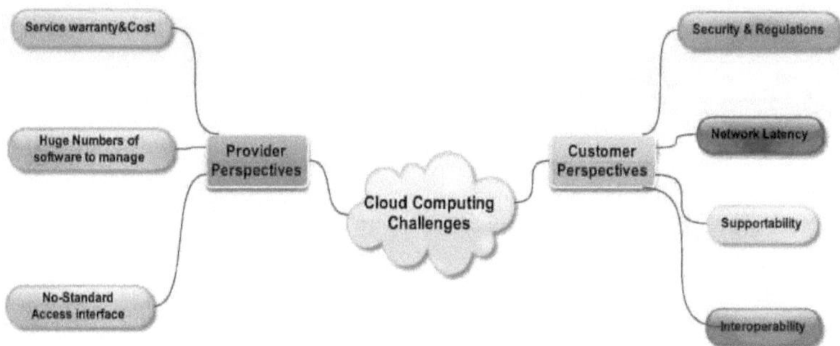

Figura 2-11: Desafios da computação em nuvem

Os desafios dos Clientes são os seguintes:

•	**Segurança e regulamentação:** Os clientes podem ter dados críticos para o negócio, o que exige proteção e monitorização contínua do seu acesso. Com a Nuvem, o Cliente pode perder o controlo dos dados sensíveis - por exemplo, o Cliente pode não saber em que país os dados estão armazenados - e pode violar alguns estatutos nacionais de proteção de dados.

•	**Latência da rede:** Os clientes podem aceder aos serviços em nuvem a partir de qualquer parte do mundo. Embora os recursos da Nuvem estejam distribuídos, os recursos podem não estar próximos da localização do Cliente, o que resulta numa elevada latência da rede, que provoca um timeout da aplicação, impedindo assim os utilizadores finais de acederem à aplicação.

•	**Capacidade de suporte:** A nuvem pode não suportar todas as aplicações. Por exemplo, um Cliente pode querer aproveitar o serviço da plataforma de Nuvem para as suas aplicações proprietárias, mas o Fornecedor de Nuvem pode não ter um Sistema Operativo (SO) compatível. Além disso, as aplicações antigas podem não ser suportadas na Nuvem.

•	**Interoperabilidade:** A falta de interoperabilidade entre as APIs de diferentes fornecedores de serviços de computação em nuvem cria complexidade e custos elevados de migração para os clientes quando se trata de mudar de um fornecedor de serviços para outro.

Os desafios para os fornecedores de serviços de computação em nuvem são os seguintes:

•	**Garantia do serviço e custo do serviço:** Os fornecedores de serviços de computação em nuvem publicam normalmente um acordo de nível de serviço (SLA), para que os seus clientes tenham conhecimento da disponibilidade do serviço, da qualidade do serviço, da indemnização por tempo de inatividade e das cláusulas legais e regulamentares. Em alternativa, os SLA específicos do cliente podem ser assinados entre um fornecedor de serviços de computação em nuvem e um cliente. Os fornecedores de serviços de computação em nuvem devem garantir que dispõem de recursos adequados para fornecer o nível de serviços exigido. Os SLAs mencionam normalmente o montante da penalização, se os fornecedores de serviços de computação em nuvem não fornecerem os serviços. Como os recursos de computação em nuvem são distribuídos e continuamente escalonados para atender a demandas variáveis, é um desafio para os provedores de computação em nuvem gerenciar os recursos físicos e estimar o custo real da prestação do serviço.

•	**Um grande número de software para gerir:** Os fornecedores de serviços em nuvem, especialmente os fornecedores de SaaS e PaaS, gerem uma série de aplicações, diferentes sistemas operativos (Oss) e software de middleware para satisfazer as necessidades de uma vasta gama de clientes. Isto exige que os fornecedores de serviços possuam licenças suficientes de vários produtos de software, o que, por sua vez, resulta num ROI imprevisível.

- **Não existe uma interface normalizada de acesso à Nuvem:** Os fornecedores de serviços de computação em nuvem geralmente oferecem aplicações próprias para aceder à sua nuvem. No entanto, os clientes podem querer APIs abertas ou APIs padrão para se tornarem locatários de várias nuvens. Este é um desafio para os fornecedores de serviços de computação em nuvem, porque exige um acordo entre os fornecedores de serviços de computação em nuvem e uma atualização das suas aplicações proprietárias para cumprir a norma.

2.2.10 Gestão de serviços em nuvem

A gestão de serviços em nuvem envolve um conjunto de processos organizacionais que alinham a prestação de serviços em nuvem com os objectivos comerciais e com as expectativas dos clientes de serviços em nuvem. Criar e fornecer serviços envolve dar aos clientes o que eles querem. No entanto, são os processos de gerenciamento de serviços em nuvem que trabalham em segundo plano para garantir que todos os serviços funcionem conforme o compromisso. A Figura 2-13 mostra os processos de gerenciamento de serviços em nuvem. Uma organização com as melhores ferramentas de criação de serviços, mas com processos de gerenciamento de serviços deficientes, muitas vezes não consegue fornecer serviços com a qualidade necessária e atender aos objetivos comerciais.

Por exemplo, suponhamos que uma instância de serviço não consegue obter a capacidade necessária porque o fornecedor tem uma escassez de recursos, ou que um cliente não consegue utilizar um serviço durante um período de tempo significativo devido a um erro não resolvido na infraestrutura do fornecedor. Neste caso, os fornecedores de serviços de computação em nuvem devem empregar processos de gestão de serviços adequados para fornecer serviços de computação em nuvem. Por isso, é necessário compreender os objectivos e as actividades de cada processo de gestão de serviços.

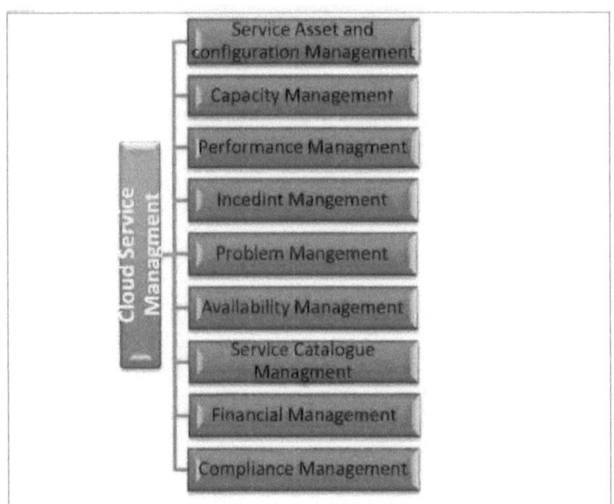

Figura 2-12: Arquitetura de gestão de serviços em nuvem

- **Um ativo de serviço e gestão de configuração**

A importância da gestão dos activos de serviço e da configuração está resumida em :

- Manutenção de informações sobre atributos de recursos de infraestrutura de nuvem, como servidores físicos, matrizes de armazenamento e componentes sobressalentes. As informações incluem o nome do item de configuração

(CI), o nome do fabricante, o número de série, o status da licença, a versão, a descrição da modificação, a localização e o status do inventário (por exemplo: em ordem, disponível, alocado ou retirado).

- Manter informações sobre as capacidades utilizadas e disponíveis dos SCI e sobre quaisquer problemas relacionados com os mesmos. Mantém igualmente informações sobre as inter-relações entre os SCI, tais como, um serviço para o seu cliente, uma máquina virtual (VM) para um serviço, um servidor físico para uma VM alojada no

servidor, um servidor físico para um comutador que envia dados para o servidor e um centro de dados virtual (VDC) para a sua localização.

- Assegurar que os elementos de configuração são considerados como componentes integrados. Consequentemente, ajuda a identificar a causa raiz do problema e a avaliar o impacto de qualquer alteração na relação. Por exemplo, quando um administrador descobre que um switch falhou, será capaz de determinar quais são os componentes afectados por essa falha. Em alternativa, quando um administrador decide atualizar a CPU e a memória de um servidor físico, poderá identificar os itens afectados pela alteração.

- **Gestão da capacidade**

O objetivo da gestão da capacidade é resumido em:

- Assegurar que uma infraestrutura de computação em nuvem é capaz de satisfazer as necessidades de capacidade dos serviços de computação em nuvem de uma forma rentável e atempada.

- Monitorização da utilização dos recursos da infraestrutura de TI. Identifica os recursos sobreutilizados e subutilizados/não utilizados.

- Otimização da utilização dos recursos de TI, adicionando capacidade ou recuperando o excesso de capacidade de/para VMs com base na utilização de VMs.

- Planeamento dos requisitos futuros da infraestrutura de TI para serviços em nuvem. Reúne informações sobre a utilização atual e passada dos recursos e estabelece tendências sobre o consumo de capacidade. Com base nessas tendências, prevê o crescimento da procura de capacidade por parte dos clientes no futuro.

- Planear a aquisição e o aprovisionamento de capacidades, se e quando necessário.

- **Gestão do desempenho**

O principal objetivo da gestão do desempenho está resumido em:

- Monitorizar e medir o desempenho dos recursos e serviços da infraestrutura de computação em nuvem

- Analisar estatísticas de desempenho e identificar recursos e serviços que são

desempenho abaixo do nível esperado

- Implementação de alterações na configuração dos recursos para melhorar o desempenho dos recursos e, consequentemente, dos serviços em nuvem

- Determinar a capacidade necessária dos recursos e serviços da infraestrutura de computação em nuvem para atingir o nível de desempenho esperado

- **Gestão de incidentes**

O principal objetivo da gestão de incidentes está resumido em:

- Dar prioridade aos incidentes com base na sua gravidade

- Correção de erros ou falhas para restabelecer os serviços em nuvem dentro do prazo previsto

- Documentação do historial de incidentes que inclui informações sobre a deteção e resolução de incidentes

- Utilização como entrada para "Gestão de problemas"

- Transferir a atividade de correção de erros para a "Gestão de Problemas", se não for possível determinar a "causa principal" de um incidente

- Fornecer soluções temporárias para devolver serviços de Nuvem, por exemplo, migrando um serviço para outro pool de recursos no mesmo ou em outro VDC

- **Gestão de problemas**

A importância da gestão de problemas é resumida em:

- Identificar a causa raiz de um problema e iniciar a solução mais adequada para os problemas

- Fornecer métodos para reduzir ou eliminar o impacto de um problema, se não estiver disponível uma solução completa

- Analisar o histórico de incidentes e identificar as falhas de serviço iminentes

- Identificar e resolver erros antes de ocorrer um problema

- Documentação do historial de problemas que inclui informações sobre a deteção e resolução de problemas

- Proporcionar a oportunidade de aprender lições para lidar com problemas futuros

- **Gestão da disponibilidade**

O principal objetivo da gestão da disponibilidade está resumido em:

- Assegurar que os requisitos de disponibilidade de um serviço em nuvem são constantemente cumpridos

- Concebe e implementa os procedimentos e as caraterísticas técnicas necessárias para cumprir a disponibilidade declarada de um serviço.

- Garantir um melhor serviço ao cliente e uma boa relação custo-eficácia para o fornecedor de serviços de computação em nuvem.

- Melhorar a satisfação do cliente e, consequentemente, elevar a reputação do fornecedor de serviços de computação em nuvem.

- **Gestão do catálogo de serviços**

A gestão do catálogo de serviços envolve as seguintes etapas:

- Criação e manutenção de um catálogo de serviços.

- Garantir que as informações no catálogo de serviços são exactas e actualizadas. A gestão de serviços traz clareza, integridade e utilidade ao descrever as ofertas de serviços no catálogo de serviços.

- Assegurar que a descrição do serviço é inequívoca e valiosa para os clientes.

- Avaliar as ofertas de serviços num catálogo de serviços e atualizar o catálogo de serviços para incluir novos serviços e alterações nas ofertas de serviços.

- **Gestão financeira**

A importância da gestão financeira é resumida em:

- Calcula o custo (inclui CAPEX, custo administrativo) da prestação de um serviço

- Planeia o orçamento de TI para a infraestrutura e funcionamento da nuvem

- Determina o preço (chargeback) dos serviços em nuvem e assegura a sua rentabilidade

- Monitoriza e apresenta relatórios sobre a afetação e utilização de recursos pelos Clientes

- Estorno baseado na utilização de recursos pelos clientes

- **Gestão da conformidade**

A gestão da conformidade envolve as seguintes etapas:

- Garantir que os serviços de Nuvem, os processos de criação de serviços e os recursos da infraestrutura de Nuvem cumprem as políticas e os requisitos legais.

- Assegurar que os requisitos de conformidade são cumpridos durante a configuração da infraestrutura de Nuvem e o fornecimento de serviços de Nuvem.

- Analisar a aplicação da conformidade nos recursos e serviços de infra-estruturas. Se identificar qualquer desvio do requisito de conformidade, inicia acções corretivas.

2.3 KPIs de qualidade de serviço da computação em nuvem

Atualmente, com a existência de muitos fornecedores de serviços de computação em nuvem no mercado, é importante conhecer os fornecedores de serviços de computação em nuvem que garantem ou, pelo menos, oferecem as especificações do SLA aos utilizadores.

Interesses dos clientes: não apenas oferecer uma percentagem de disponibilidade, mas também garantir parâmetros de desempenho específicos para uma determinada aplicação em nuvem. Por conseguinte, o TP de confiança deve mapear os parâmetros do SLA para compor os SLO com indicadores-chave de desempenho (KPI) fiáveis com uma maior precisão.

Vários desafios são enfrentados na realização de um modelo para avaliar a QoS e classificar os fornecedores de serviços em nuvem. O primeiro é como medir vários atributos SMI de um serviço em nuvem. O segundo desafio é como classificar os serviços em nuvem com base nesses atributos. Neste contexto, o Cloud Service Measurement Index Consortium (CSMIC) [17] identificou índices de medição que são combinados na forma de Service Measurement Index (SMI) [18] e são importantes para avaliar um serviço em nuvem. Estes índices de medição podem ser utilizados pelos clientes para comparar diferentes serviços de computação em nuvem.

A Figura 2-13 mostra a visão detalhada do Índice de Medição de Serviços em Nuvem, que divide o espaço de medição em 7 categorias. Cada categoria é ainda refinada por 3 ou mais atributos. Em seguida, dentro de cada atributo, é definido um conjunto de KPIs que descrevem os dados a serem coletados para cada medida/métrica. Alguns destes KPI's serão específicos de cada serviço, enquanto outros se aplicarão a todos os serviços.

O SMI é um novo quadro concebido para ajudar as organizações a medir os serviços de TI baseados na Nuvem em relação uns aos outros [19]. As métricas e os indicadores de qualidade serão convertidos numa percentagem de bondade para cada caraterística importante de um serviço utilizando um algoritmo de ponderação, sendo depois armazenados num sistema de reputação e disponibilizados aos Clientes.

O SMI coloca a tónica na compreensão humana através da explicação das caraterísticas do serviço e não no processamento automático dos dados do serviço.

Os KPIs são medições experimentais, acordadas anteriormente, que avaliam os factores vitais de sucesso de uma organização. Estes variam consoante a organização. Com base nos KPIs, estes enquadram os atributos na avaliação da confiança e da satisfação do utilizador. [28]

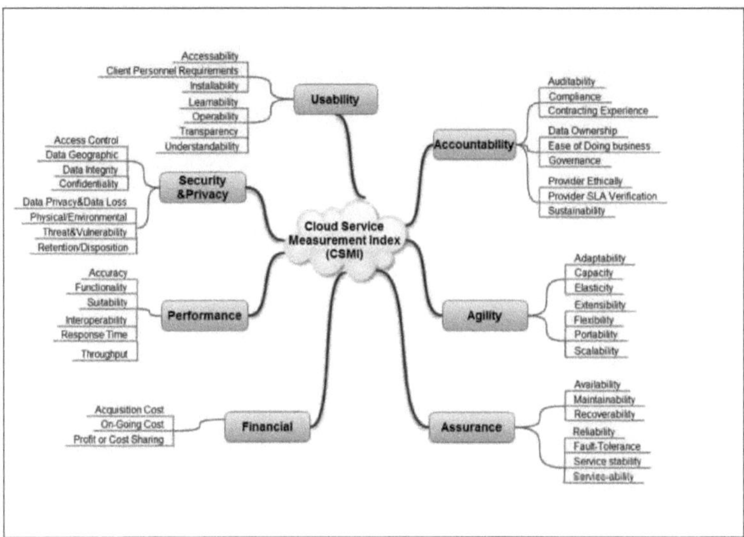

Figura 2-13: Estrutura de medição de serviços em nuvem

2.3.1 Métricas de KPIs de QoS na nuvem

Cada serviço em Nuvem tem muitas caraterísticas e cada caraterística é descrita utilizando uma medida que expressa a bondade relativa do serviço de acordo com essa caraterística. Cada medida é descrita por mais uma métrica quantitativa e/ou indicadores utilizados para gerar a medida de bondade. [29]

Os KPIs de QoS são de dois tipos: qualitativos e quantitativos. Os KPI qualitativos são os que não podem ser quantificados e são sobretudo inferidos com base nas experiências dos utilizadores. Quantitativos são os que podem ser medidos utilizando ferramentas de monitorização de software e hardware.

A Figura 2-14 mostra as principais categorias de parâmetros de QoS na Nuvem e a definição dos KPIs dos parâmetros é ilustrada de forma mais pormenorizada nos quadros seguintes, que apresentam vários exemplos de medidas, métricas e indicadores especificados para descrever diferentes tipos de caraterísticas do serviço na Nuvem.

Figura 2-14: Principais categorias de parâmetros de QoS

2.3.1.1 Definições

* **Responsabilidade**

É importante criar a confiança de um cliente em qualquer fornecedor de serviços em nuvem. Nenhuma organização vai querer implantar as suas aplicações e armazenar os seus dados críticos num local onde não há responsabilidade de exposições de segurança e conformidade. [29]

Esta categoria contém os KPIs do parâmetro que são utilizados para medir as propriedades relacionadas com a organização do Fornecedor de Serviços, tal como apresentado na Tabela 2-1. Estas propriedades podem ser independentes do serviço que está a ser fornecido. [32]

Tabela 2-1: Definição de KPIs (Responsabilização)

Parâmetro S KPIs	Parâmetro S KPIs Definição
Auditabilidade	A capacidade de um cliente verificar se o fornecedor de serviços está a cumprir as normas, os processos e as políticas que segue.
Conformidade	Normas, processos e políticas assumidas pelo prestador de serviços.
Experiência de contratação	Indicadores do esforço e da satisfação do Cliente com o processo de celebração dos acordos necessários à utilização de um serviço.
Propriedade dos dados	O nível de direitos que um cliente tem sobre os dados do cliente associados a um serviço.
Facilidade de fazer negócios	Satisfação do cliente com a capacidade de fazer negócios com um prestador de serviços.
Governação	Os processos utilizados pelo prestador de serviços para gerir as expectativas dos clientes, os problemas e o desempenho do serviço.
Ética do fornecedor	A ética refere-se à forma como o Fornecedor de Serviços conduz a sua atividade; inclui práticas comerciais e ética fora do âmbito da conformidade regulamentar. A ética inclui práticas justas com fornecedores, Clientes e funcionários.
SLA do fornecedor Verificação	O Fornecedor de Serviços disponibiliza aos Clientes SLAs adequados à gestão do serviço e à redução dos riscos de falha do serviço.

Sustentabilidade	O impacto do prestador de serviços na economia, na sociedade e no ambiente.

- **Agilidade**

A vantagem mais importante da computação em nuvem é o facto de aumentar a agilidade de uma organização. A organização pode expandir-se e mudar rapidamente sem grandes despesas.

A agilidade mostra a rapidez com que novas capacidades são integradas na TI, conforme necessário para o negócio. Ao considerar a agilidade de um serviço de nuvem, as organizações querem entender se o serviço é elástico, portátil, adaptável e flexível. [29]

A agilidade indica o impacto de um serviço na capacidade do cliente de mudar de direção, estratégia ou tática rapidamente e com o mínimo de perturbações, como se mostra no Quadro 2-2. [32]

Quadro 2-2: Definição de KPIs (Agilidade)

Parâmetro S KPIs	*Parâmetro S KPIs Definição*
Adaptabilidade	A capacidade do prestador de serviços para se adaptar às mudanças nos requisitos do cliente. Define-se como o tempo necessário para se adaptar às alterações ou para melhorar o serviço para um nível superior
Capacidade	A quantidade máxima de um serviço que um fornecedor de serviços pode fornecer, cumprindo os SLAs acordados.
Elasticidade	A capacidade de um serviço para ajustar o seu consumo de recursos para satisfazer a procura.
Extensibilidade	A capacidade de acrescentar novas funcionalidades ou serviços aos serviços existentes.
Flexibilidade	A capacidade de adicionar ou remover caraterísticas predefinidas de um serviço.
Portabilidade	A capacidade de um cliente transferir facilmente um serviço de um fornecedor de serviços para outro com o mínimo de perturbações.
Escalabilidade	A capacidade de um Fornecedor de Serviços para aumentar ou diminuir a quantidade de serviço disponível para satisfazer as necessidades do Cliente.

- **Desempenho**

Existem muitas soluções diferentes oferecidas pelos fornecedores de serviços de computação em nuvem que respondem às necessidades de TI de diferentes organizações. Cada solução tem um desempenho diferente em termos de eficiência, utilização de recursos, tempo de resposta do serviço, adequação, estabilidade e exatidão. [29]

O quadro 2-3 abrange a categoria de caraterísticas de desempenho e funções dos serviços prestados

Tabela 2-3: Definição de KPIs (Desempenho)

Parâmetro S KPIs	*Parâmetro S KPIs Definição*
Exatidão	A medida em que um serviço cumpre os seus requisitos[32].
Funcionalidade	As caraterísticas específicas fornecidas por um serviço[32].
Adequação	Significa até que ponto as capacidades do serviço correspondem às necessidades dos

	clientes[32].
Interoperabilidade	É a capacidade das entidades de comunicação partilharem informações específicas e operarem sobre elas de acordo com uma semântica operacional acordada[33].
Serviço Tempo de resposta	O período de tempo entre o envio de um pedido a um serviço e a receção de uma resposta. [34]
Rendimento	A quantidade de pedidos que um serviço pode tratar num determinado período de tempo. A taxa de transferência e a eficiência são medidas importantes para avaliar o desempenho dos serviços de infraestrutura fornecidos pelas nuvens. [34]

- Garantia

Esta caraterística indica a probabilidade de um serviço de Nuvem funcionar como esperado ou prometido no SLA. Todas as organizações procuram expandir os seus negócios e fornecer melhores serviços aos seus clientes. Por isso, a fiabilidade, a resiliência e a estabilidade do serviço são factores importantes na seleção dos serviços em nuvem. [29]. A Tabela 2-4 observa a categoria que inclui atributos-chave que indicam a probabilidade de o serviço estar disponível conforme especificado.

Tabela 2-4: Definição de KPIs (Garantia)

Parâmetro S KPIs	Parâmetro S KPIs Definição
Disponibilidade	Define o período de tempo em que o sistema está operacional e acessível quando necessário para utilização. Em caso de inatividade, os fornecedores de serviços pagam geralmente penalizações sob diferentes formas ao cliente. [33]
Capacidade de manutenção	A capacidade de manutenção refere-se à possibilidade de o prestador de serviços efetuar modificações no serviço para o manter num estado
	em bom estado de conservação[32].
Recuperabilidade	A capacidade de recuperação é o grau em que um serviço é capaz de retomar rapidamente um
	estado normal de funcionamento após uma interrupção não planeada[32].
Fiabilidade	Reflecte as medidas de funcionamento de um serviço sem falhas em determinadas condições durante um determinado período de tempo. [32] Existem dois tipos de fiabilidade[33]. • **Fiabilidade das mensagens**: os serviços comunicam normalmente entre si ou com os clientes através de mensagens. Estas dependem do desempenho da rede. Isto significa que, se o canal de ligação não for fiável, é necessário garantir a entrega das mensagens. • **Fiabilidade do serviço:** o serviço funciona corretamente com transacções que preservam a integridade dos dados e, em caso de falha, comunica a falha ao utilizador
Tolerância a falhas	A capacidade de um serviço continuar a funcionar corretamente em caso de falha de um ou mais dos seus componentes. [32]

Estabilidade do serviço	O grau em que o serviço é resistente à mudança, deterioração ou deslocação. [29]
Facilidade de manutenção	A facilidade e eficiência da manutenção e da correção de problemas com o serviço. [32]

- **Segurança e privacidade**

A segurança e a privacidade são de natureza multidimensional e incluem muitos atributos, como a proteção da confidencialidade e da privacidade, a integridade e a disponibilidade dos dados. A proteção e a privacidade dos dados são preocupações importantes para quase todas as organizações. O alojamento de dados sob o controlo de outra organização é sempre uma questão crítica que exige políticas de segurança rigorosas utilizadas pelos fornecedores de serviços em nuvem. [29]

Esta categoria, que é apresentada no Quadro 2-5, inclui atributos que indicam a eficácia dos controlos de um Prestador de Serviços no acesso aos serviços, aos dados dos serviços e às instalações físicas a partir das quais os serviços são prestados.

Tabela 2-5: Definição de KPIs (segurança e privacidade)

Parâmetro S KPIs	*Parâmetro S KPIs Definição*
Controlo de acesso e Gestão de privilégios	Políticas e processos utilizados pelo prestador de serviços para garantir que apenas o pessoal do prestador e do cliente com o estatuto/razões adequadas para utilizar ou modificar dados/trabalhos
	produtos podem fazê-lo. [32]
Dados Geográfico/Político	Os condicionalismos do cliente em matéria de localização do serviço com base na geografia ou na política[32].
Integridade dos dados	Manter os dados criados, utilizados e armazenados na sua forma correta, para que os clientes possam ter a certeza de que são exactos e válidos. Significa também a impossibilidade de alteração ou eliminação de dados por pessoas não autorizadas [33][34]
Confidencialidade	O acesso aos dados é concedido apenas a pessoas autorizadas [34]. Os indivíduos não autorizados não têm acesso aos dados
Privacidade e perda de dados	A privacidade é a capacidade de um sujeito controlar a partilha de informações pessoais [35] As restrições do cliente ao acesso e utilização dos dados do cliente são aplicadas pelo prestador de serviços. Quaisquer falhas nestas protecções são prontamente detectadas e comunicadas ao Cliente[32].
Segurança física e ambiental	Políticas e processos utilizados pelo prestador de serviços para proteger as instalações do prestador de serviços contra o acesso não autorizado, danos ou interferências. [32]
Gestão de ameaças e vulnerabilidades	Mecanismos em vigor para garantir que o serviço está protegido contra ameaças recorrentes conhecidas, bem como contra novas vulnerabilidades em evolução. [32]
Retenção/Disposição	Os processos de retenção e eliminação de dados do prestador de serviços cumprem os requisitos dos clientes. [32]

- **Usabilidade**

Desempenha um papel importante. Quanto mais fácil for a utilização e a aprendizagem de um serviço de Nuvem, mais rapidamente uma organização pode mudar para ele. É a medida da qualidade da experiência do utilizador na interação com o serviço. É a capacidade de o serviço ser compreensível, fácil de aprender, operável e atrativo para um cliente. A usabilidade é necessária sempre que os utilizadores lidam com interfaces. [32][34]

A usabilidade de um serviço em nuvem pode depender de vários factores, como a acessibilidade, a instalabilidade, a capacidade de aprendizagem e a operacionalidade, como mostra o quadro 2-6. [32]

Tabela 2-6: Definição de KPIs (Usabilidade)

Parâmetro S KPIs	Parâmetro S KPIs Definição
Acessibilidade	O grau em que um serviço é operável por utilizadores com deficiência.
Cliente Pessoal	O número mínimo de pessoas que satisfazem as funções, competências, experiência, educação e certificação exigidas para o
Requisitos	Cliente para utilizar eficazmente um serviço.
Capacidade de instalação	Caracteriza o tempo e o esforço necessários para preparar um serviço para entrega.
Capacidade de aprendizagem	O esforço exigido aos utilizadores para aprenderem a utilizar o serviço.
Operacionalidade	A capacidade de um serviço ser facilmente utilizado pelos utilizadores.
Transparência	A medida em que os utilizadores são capazes de determinar quando ocorrem alterações numa caraterística ou componente do serviço e se essas alterações afectam a usabilidade.
Compreensibilidade	A facilidade com que os utilizadores compreendem as capacidades e o funcionamento do serviço.

- Financeiro

A primeira questão que se coloca às organizações antes de mudarem para a computação em nuvem é se esta é ou não rentável. Por conseguinte, o custo é claramente um dos atributos vitais para as TI e para a empresa. O custo tende a ser a métrica mais quantificável atualmente, mas é importante expressá-lo nas caraterísticas que são relevantes para uma determinada organização empresarial. [29]

Financeiro representa a quantidade de dinheiro gasto no serviço pelo cliente. A Tabela 2-7 seguinte apresenta as categorias de KPIs financeiros.

Tabela 2-7: Definição de KPIs (Financeiro)

Parâmetro S KPIs	Parâmetro S KPIs Definição
Aquisição e Transição	Custo Qualquer cliente custa para adquirir os direitos e a capacidade de utilizar um serviço e para passar de um serviço existente para um novo.
Custo contínuo	O custo do Cliente para operar um serviço. Isto inclui tanto os custos fixos recorrentes (por exemplo, taxas de acesso mensais) como os custos baseados na utilização.
Lucro ou custo	Acordo entre o cliente e o(s) prestador(es), segundo o qual os custos ou lucros de um serviço são partilhados pelas partes envolvidas, de acordo com uma fórmula acordada.

2.3.1.2 Medições dos parâmetros de QoS da nuvem

Nesta secção, definimos métricas para cada parâmetro de qualidade e fornecemos uma descrição que inclui a fórmula, o intervalo de valores e interpretações relevantes.

A) Desempenho

Este componente tem diferentes KPIs em termos de eficiência, utilização de recursos, tempo de resposta do serviço, rendimento, adequação, estabilidade e exatidão.

- **Utilização de recursos**

A eficiência e a monitorização do desempenho do serviço de Nuvem são medidas pela utilização de recursos e pelo comportamento temporal. Os parâmetros de utilização dos servidores físicos/infraestrutura são um fator importante na monitorização da Nuvem. É necessário recolher os dados de utilização dos recursos das máquinas virtuais. [26]

A utilização de recursos mede o rácio entre o número de recursos atribuídos e os recursos predefinidos, tal como referido em (1). Os recursos incluem a capacidade de armazenamento, o tamanho da memória, a utilização da CPU e a largura de banda da rede.

Isto fornece uma imagem de quanto da VM está a ser utilizado e estes dados ajudam a analisar a utilização de recursos pelas aplicações e a decidir sobre os requisitos de escalonamento. Isto pode ser calculado da seguinte forma;

$$RU = \frac{Number\ of\ allocated\ resources}{Number\ of\ Pre-defined\ resources} \tag{1}$$

Onde o denominador é a quantidade de recursos pré-definidos para cada tipo de recursos e é definido no SLA. O numerador é um montante efetivo de recursos atribuídos a partir do montante de recursos pré-definidos para invocar o serviço.

- **Tempo de resposta**

O tempo de resposta é dividido em tempo de resposta da infraestrutura e está a ser investigado para obter uma imagem mais precisa do desempenho de um ambiente virtualizado/nuvem. O tempo de resposta da infraestrutura (IRT) é definido como o tempo necessário para que qualquer carga de trabalho (aplicativo) faça uma solicitação de trabalho no ambiente virtual e para que o ambiente virtual conclua a solicitação (do convidado para o spindle e vice-versa). O pedido pode ser uma simples troca de dados entre duas VM ou um pedido complexo que envolve uma transação de base de dados e gravações numa matriz de armazenamento. [30]

O tempo de resposta da aplicação (ART) é a principal métrica na gestão do desempenho da aplicação, que calcula o tempo necessário para a aplicação responder aos pedidos do utilizador. Uma vez que isto é de maior interesse para os proprietários da aplicação, as aplicações concebidas para serem alojadas numa Nuvem tendem a ter uma solução de monitorização incorporada na própria aplicação. [31]

O tempo de resposta em (2) pode ser medido com base no tempo de execução e no tempo de espera. O tempo de execução pode ser calculado com base no tempo total de invocação dos serviços - tempo de espera. O tempo de espera é o tempo necessário para que o pedido seja enviado e para que seja recebida uma resposta ao pedido. Pode ser calculado da seguinte forma:

$$Response\ time = \frac{Excution\ time=(total\ time\ for\ service\ invocation-waiting\ time)}{total\ time\ for\ service\ invocation} \tag{2}$$

A Eficiência do sistema de computação em nuvem indica a utilização efectiva dos serviços alugados. Por conseguinte, um valor mais elevado para a eficiência indica que a sobrecarga será menor. Utilizando (3), Eficiência

é derivado de duas métricas; onde wru e wtb são os pesos para cada métrica cuja soma é 1. O valor do peso é definido considerando a importância de cada métrica

$$\text{Efficiency} = W_{RU}.RU + W_{RT}.RT \tag{3}$$

- **Rendimento**

A taxa de transferência pode ser descrita como a taxa a que um sistema gera os seus serviços por unidade de tempo. O débito depende de vários factores que podem afetar a execução de uma tarefa. [29] A equação (4) mostra que as aplicações dos utilizadores têm "n" tarefas e são submetidas para execução em "m" máquinas do fornecedor de serviços de computação em nuvem.

$$\alpha = \frac{n}{T_e(n,m) + T_o} \tag{4}$$

Onde Te (n,m) é o tempo de execução de n tarefas em m máquinas. ser o tempo adicional devido a vários factores, como atrasos na iniciação da infraestrutura e atrasos na comunicação entre tarefas.

- **Adequação**

A adequação é definida como o grau em que os requisitos de um cliente são satisfeitos por um fornecedor de serviços de computação em nuvem. [29]

A seleção do fornecedor de serviços de computação em nuvem passa por duas fases. Primeiro, se depois de filtrar os fornecedores de serviços de computação em nuvem

Se houver mais de um fornecedor de serviços em nuvem que satisfaça todos os requisitos essenciais e não essenciais do cliente, todos são adequados. Caso contrário, se a filtragem resultar numa lista vazia de fornecedores de serviços em nuvem, serão escolhidos os fornecedores que satisfazem as caraterísticas essenciais. Neste caso, a adequação será o grau em que as caraterísticas do serviço se aproximam dos requisitos do utilizador. A métrica resultante em (5) é calculada como;

$$\text{Suitability} = \frac{number\ of\ non-essential\ features\ provided\ by\ Provider}{number\ of\ non-essential\ features\ required\ by\ Customer} \tag{5}$$

Se apenas os requisitos essenciais forem satisfeitos;

= 1 se todas as caraterísticas forem satisfeitas

= 0 caso contrário.

- **Estabilidade**

A estabilidade é definida como a variabilidade no desempenho de um serviço. No caso do armazenamento, é a variação do tempo médio de leitura e escrita. [29]

Para os recursos computacionais, como em (6), é o desvio do desempenho especificado nos SLAs.

$$\text{Stability} = \sum \frac{\frac{\alpha_{avg,i} - \alpha_{SLA,i}}{T}}{n} \tag{6}$$

Em que α pode ser a unidade computacional, a unidade de rede ou a unidade de armazenamento do recurso; $\alpha_{avg,i}$ é o desempenho médio observado do utilizador i que alugou o serviço de computação em nuvem, $\alpha_{SLA,i}$ são os valores prometidos no SLA; T é o tempo de serviço; e n é o número total de utilizadores.

- **Exatidão**

A funcionalidade Exatidão do serviço mede o grau de proximidade dos valores reais do utilizador quando utiliza um serviço em relação aos valores esperados. [29] A exatidão, tal como em (7), é um grau de resposta correta a um pedido do utilizador. [36] A resposta correta significa que os utilizadores

obterão os serviços corretos de que necessitam num determinado momento. O período de tempo é definido no acordo de nível de serviço (SLA). Este pode ser calculado da seguinte forma;

$$AoS = 1 - \frac{number\ of\ faild\ requests}{total\ number\ of\ requests} \tag{7}$$

Em que o denominador é o número total de pedidos dos utilizadores e o numerador é um

número de pedidos falhados.

- **Interoperabilidade**

A interoperabilidade é a capacidade de um serviço interagir com outros serviços oferecidos pelo mesmo prestador ou por outros prestadores. [29]

A interoperabilidade consiste em avaliar se um serviço no sistema de computação em nuvem se ajusta à capacidade de adoção de normas, à capacidade de conformidade e à evidência relativa [36]. [36] Mede a capacidade de mover dados ou aplicações de uma Nuvem para outra como na Equação (8). Também tem a capacidade de fundir a Nuvem pública e privada numa Nuvem híbrida. É calculada como;

$$Interoperability = \frac{number\ of\ platforms\ offered\ by\ provider}{number\ of\ platforms\ required\ by\ user} \tag{8}$$

B) Agilidade

A agilidade mostra a rapidez com que novos recursos são integrados à TI conforme a necessidade do negócio. Ao considerar a agilidade de um serviço de nuvem, as organizações querem entender se o serviço é escalável, elástico, portátil, adaptável e flexível. [29]

- **Escalabilidade**

A métrica Cobertura da Escalabilidade em (9) mede a quantidade média de recursos atribuídos entre a quantidade de recursos solicitados. [31] Isto pode ser calculado como;

$$CoS = \left(\sum_{i=0}^{k} \frac{amount\ of\ allocated\ resources}{total\ amount\ of\ requested\ resoources} \right) /k \tag{9}$$

Em que "k" é o número total de pedidos de alargamento dos recursos utilizados. O intervalo é de 0...1.

O valor 1 implica que todos os recursos solicitados são atribuídos.

- **Flexibilidade**

O FoS em (10) pode ser medido como o rácio entre o tempo indisponível para invocar o serviço e o tempo total de funcionamento dos serviços. [36]

$$FoS = 1 - \frac{unanavaialble\ time\ for\ invoking\ the\ service}{total\ time\ for\ operating\ the\ service} \qquad (10)$$

em que o denominador é o período total de tempo para iniciar o funcionamento do serviço e o numerador é o tempo em que os serviços não estão disponíveis para o utilizador devido a algumas falhas.

C) Garantia

Todas as organizações procuram expandir o seu negócio e fornecer melhores serviços aos seus clientes. Por conseguinte, a fiabilidade, a disponibilidade e a estabilidade do serviço são factores importantes na seleção dos serviços em nuvem. [29]

- **Disponibilidade**

Este atributo avalia o rácio entre o tempo total e o tempo em que um serviço Web é capaz de estar funcional [31]. [31] A disponibilidade em (11) é a percentagem do tempo em que um cliente pode aceder ao serviço. É dada por:

$$Availability = \frac{total\ service\ time - downtime}{total\ service\ time} \qquad (11)$$

- **Fiabilidade**

A fiabilidade reflecte o modo como um serviço funciona sem falhas durante um determinado período e condição[29]. [29] Este parâmetro avalia a capacidade do serviço Web de continuar a funcionar com um determinado nível de desempenho ao longo do tempo. Várias facetas da fiabilidade são importantes numa computação em nuvem, especialmente a fiabilidade das mensagens que são transferidas entre os consumidores de serviços e os serviços. [36] Por conseguinte, é definida com base no tempo médio até à falha prometido pelo fornecedor de serviços em nuvem e nas falhas anteriores experimentadas pelos utilizadores. Na Equação (12), se 'num falha' é o número de usuários que experimentaram falhas em um tempo menor do que o prometido pelo provedor de nuvem e n é o número de usuários. [29] Deixe p_{mttf} ser o tempo médio prometido até a falha. Ele é medido por:

$$Reliability = propability\ of\ failure \times \rho_{mttf}$$
$$= \left(1 - \frac{num\ failure}{n}\right) * \rho_{mttf} \qquad (12)$$

- **Tolerância a falhas**

A métrica de tolerância a falhas (FT) em (13) mede o rácio de suportar a ocorrência de uma falha

sem falhas. [36] Este valor pode ser calculado da seguinte forma;

$$FT = 1 - \frac{number\ of\ faults\ becoming\ failure}{total\ number\ of\ faults\ ocuured} \qquad (13)$$

D) Usabilidade

A usabilidade desempenha um papel importante na rápida utilização dos serviços em nuvem. Se um serviço de computação em nuvem for mais fácil de utilizar e aprender, mais rapidamente uma organização pode mudar para os serviços de computação em nuvem. A usabilidade de um serviço em nuvem pode depender de vários factores, como a acessibilidade, a facilidade de instalação, a facilidade de aprendizagem, a operacionalidade e a reutilização.

- **Reutilização**

O princípio para definir este parâmetro é explicado tanto pelo ponto de vista do prestador de serviços como pelo do consumidor. [31] A reutilização é medida utilizando quatro métricas: Legibilidade, Publicidade, Cobertura de Variabilidâde e Caraterística Comum. [36]

A legibilidade é medida por uma métrica como a indicada em (14), a Compreensibilidade do Serviço (VoS), que é o rácio entre a quantidade de campos cuja legibilidade é inaceitável e o número total de campos. [36]

$$UoS = 1 - \frac{No.of\ fields\ unacceptable\ readability}{total\ no.of\ fields} \tag{14}$$

Em que o denominador é o número total de campos utilizados numa descrição de serviço e o numerador é o número de campos com legibilidade inaceitável. O seu intervalo de valores é 0 ... 1, em que o valor mais elevado de UoS indica que o serviço tem uma legibilidade mais elevada.

A publicidade significa que os serviços publicados pelos prestadores de serviços são registados nos registos de serviços e a sua inscrição tem de estar disponível para as descobertas de serviços. Os serviços com pouca publicidade não serão descobertos pelos utilizadores de forma eficaz, o que resulta numa baixa taxa de subscrição. A publicidade em (15) é medida com uma métrica, a Awarability of Service (AoS). [36]

$$AoS = 1 - \frac{No.of\ users\ with\ undiscoverable\ services}{total\ number\ of\ fields} \tag{15}$$

Em que o denominador é o número de potenciais utilizadores do serviço e o numerador é o número de utilizadores que não descobriram o serviço publicado. Por conseguinte, o seu intervalo de valores é 0 ... 1, em que o valor mais elevado de AoS mostra que o serviço está mais facilmente disponível para os utilizadores do serviço.

A cobertura da variabilidade (CoV) em (16) é medida considerando quantos pontos de variação podem ser personalizados pelos utilizadores do serviço, ou seja, quantos pontos de variação podem ser fornecidos pelo serviço;

$$CoV = 1 - \frac{no.of\ varaiation\ point\ not\ supported}{total\ no\ of\ variation\ points} \tag{16}$$

Em que o denominador é o número total de pontos de variação potenciais, considerando e sobressaindo o seu conjunto de aplicações do utilizador, e o numerador é o número de pontos de variação não suportados pelo serviço.

A métrica da caraterística de comunalidade (CF) em (17) mede uma média da comunalidade de cada caraterística funcional ou não funcional definida num serviço Web de destino. A semelhança de cada caraterística pode ser medida calculando o grau de membros que utilizam cada caraterística funcional ou não funcional. Isto pode ser calculado da seguinte forma

$$CF = \sum_{i=0}^{n} \left(\frac{number\ of\ req.applying\ the\ feature}{total\ number\ of\ req.analysed\ in\ domain} \right) / n \tag{17}$$

Onde a caraterística é uma função ou caraterística para especificar a funcionalidade ou não-funcionalidade do serviço em nuvem e n é o número total de caraterísticas funcionais ou não-funcionais. Por conseguinte, o intervalo de FC é O ... l. O valor 1 refere-se a todas as caraterísticas aplicadas nos serviços Web que são comuns no mesmo domínio. Finalmente, a reutilização em (18) é derivada de quatro métricas:

$$Reusability = W_{UoS}.UoS + W_{AoS}.AoS + W_{CoV}.CoV + W_{CF}.CF \tag{18}$$

Onde W_{UoS}, W_{AoS}, W_{CoV}, W_{CF} são os pesos para cada métrica cuja soma é l. O peso para cada métrica é atribuído com base na importância de cada métrica. O intervalo de Reutilização é 0 ... 1 e um valor mais elevado de Reusabilidade indica que os serviços Web são mais reutilizáveis

- Transparência

A transparência é uma caraterística importante dos serviços em nuvem devido à rápida evolução desses serviços. [29] Pode ser inferida como o tempo durante o qual o desempenho da aplicação do utilizador é afetado durante uma alteração do serviço. Também pode ser calculado em termos de frequência desse efeito, como em (19). Por conseguinte, pode ser medido por;

$$Transparency = \sum \frac{\sum \frac{time\ foer\ service\ affect\ i}{number\ of\ such\ occurences}}{n} \qquad (19)$$

em que n é o número de clientes que utilizam o serviço e i indica o cliente.

E) Financeiro

O custo é claramente um dos atributos vitais para as TI e para a empresa. O custo tende a ser a métrica mais quantificável atualmente, mas é importante exprimi-lo nas caraterísticas que são relevantes para uma determinada organização empresarial. [29]

O custo depende de dois atributos: a aquisição e a continuidade. Não é fácil comparar diferentes preços de serviços, uma vez que estes oferecem diferentes caraterísticas e, por conseguinte, têm muitas dimensões. Até o mesmo fornecedor oferece VMs diferentes que podem satisfazer as necessidades do utilizador. [29] Assim, se o preço de uma VM for p para CPU para unidade de CPU, rede para rede, dados para dados, RAM para RAM, então o custo da VM é medido em (20).

$$Cost\ of\ VM = \frac{p}{CPU^a * net^b * data^c * RAM^d} \qquad (20)$$

2.4 Trabalhos relacionados

2.4.1 Estruturas de SLA baseadas na nuvem

Torkashvan, Milad e Hassan Haghighi propuseram um quadro para a gestão de SLA com base no WSLA [5], que foi proposto pela IBM [6] para o acordo de nível de serviço Web, com algumas adições e alterações para se adaptar ao ambiente de nuvem.

A gestão de SLA na nuvem, mostrada na Figura 2-15, suporta o ciclo de vida específico da gestão de SLA de acordo com o WSLA.

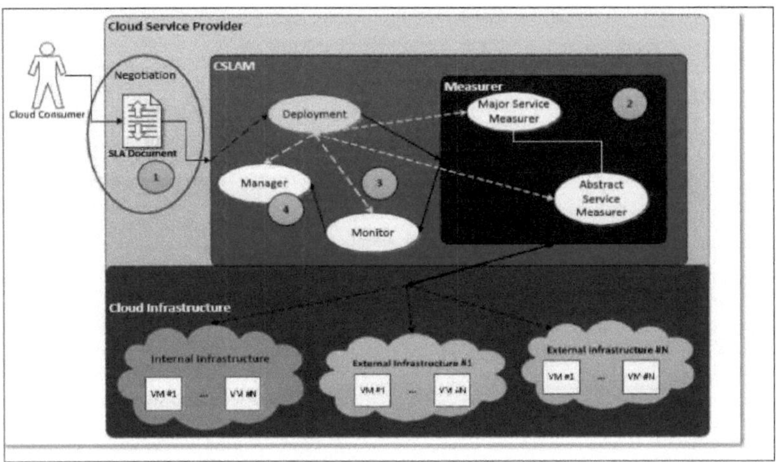

Figura 2-15: Gestão global do SLA na nuvem [5]

O ciclo de vida do CSLAM começa com a definição dos parâmetros do SLA dos principais serviços em nuvem. A outra parte é uma negociação que ocorre entre o cliente e o fornecedor, que se transforma no documento SLA que representa os parâmetros SLA dos principais serviços em nuvem. Em seguida, após a negociação, o SLA documentado será implantado; ele abrange a medição, o monitoramento e o gerenciamento.

A diferença entre o WSLA e o CSLAM é que o WSLA na Figura 2-16 mede os parâmetros SLA a partir de funções métricas, mas no CSLAM, os valores de medição dos parâmetros SLA provêm de alguns serviços.

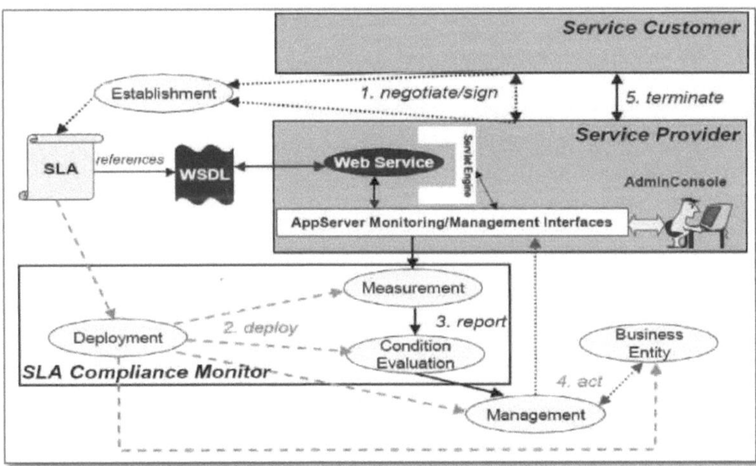

Figura 2-16: Acordo de Nível de Serviço Web [6]

Shu, Zhang e Song Meina propuseram uma plataforma para o ciclo de vida do SLA que é suportada pela arquitetura de serviços Web do SLA e pelos requisitos de gestão. Uma plataforma de gestão do SLA foi concebida para a definição do SLA, o registo do SLA do serviço e a monitorização e controlo do SLA em tempo de execução, suportando principalmente o ciclo de vida do SLA. [7] Apresentaram um modelo para o mapeamento dos parâmetros SLA, que são anunciados pelos fornecedores de serviços, para os parâmetros QoS, que são exigidos pelos clientes dos serviços.

A arquitetura SLA de serviços Web ilustrou os papéis de um fornecedor de serviços, de um cliente de serviços e de um mediador de serviços para proteger a heterogeneidade, para além de um gestor de SLA.

Os seus papéis estão resumidos na Figura 2-17. Em primeiro lugar, os prestadores de serviços publicam os serviços no sistema de gestão de SLA (Figura 2-18) com os pormenores do SLA do serviço, bem como a linguagem de definição de Web-Service. Em seguida, o cliente do serviço procura o Webservice apropriado no repositório do gestor por requisito. Além disso, o gestor do SLA encontra serviços no seu repositório; o cliente do serviço negoceia com o fornecedor de serviços os pormenores do SLA; finalmente, celebram um contrato SLA. Os clientes do serviço obtêm o melhor URL e porta de serviço do gestor de SLA e utilizam o serviço através do corretor de serviços

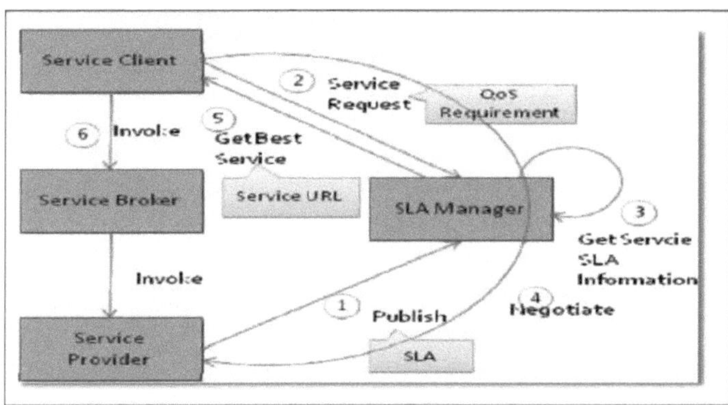

Figura 2-17: Invocar um serviço para Web-Services SLA. [7]

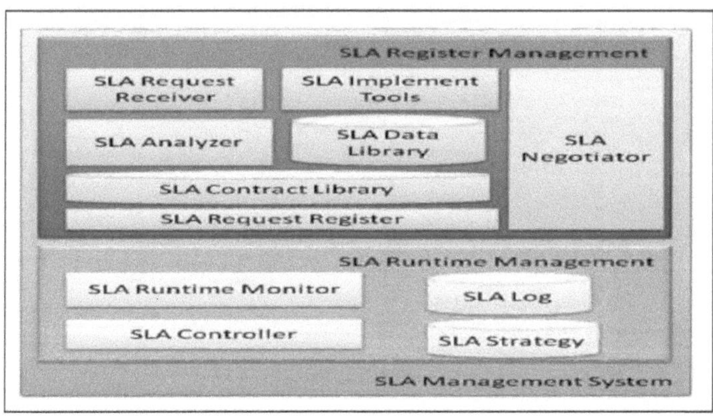

Figura 2-18: Arquitetura do sistema de gestão de SLA. [7]

O ciclo de vida do SLA para o serviço Web e a arquitetura de gestão do SLA é a base de referência para o quadro proposto, que será discutido no capítulo 3, com uma diferenciação de um serviço Web a ser oferecido como um serviço em nuvem para os clientes em nuvem e é um modelo para o mapeamento dos parâmetros do SLA que são anunciados pelos fornecedores de serviços para os parâmetros de QoS que são exigidos pelos clientes em nuvem.

Patel, Pankesh, Ajith H. Ranabahu e Amit P. Sheth propuseram, na Figura 2-19, um mecanismo para gerir os SLA num ambiente de computação em nuvem utilizando o quadro do Acordo de Nível de Serviço da Web (WSLA), desenvolvido para a monitorização dos SLA. [8] Utilizaram a funcionalidade de suporte de terceiros do WSLA para delegar as tarefas de monitorização e aplicação a outras entidades, a fim de resolver os problemas de confiança. Eles definiram no WSLA, os parâmetros do SLA e SLO que representam posteriormente os requisitos de QoS dos clientes da nuvem.

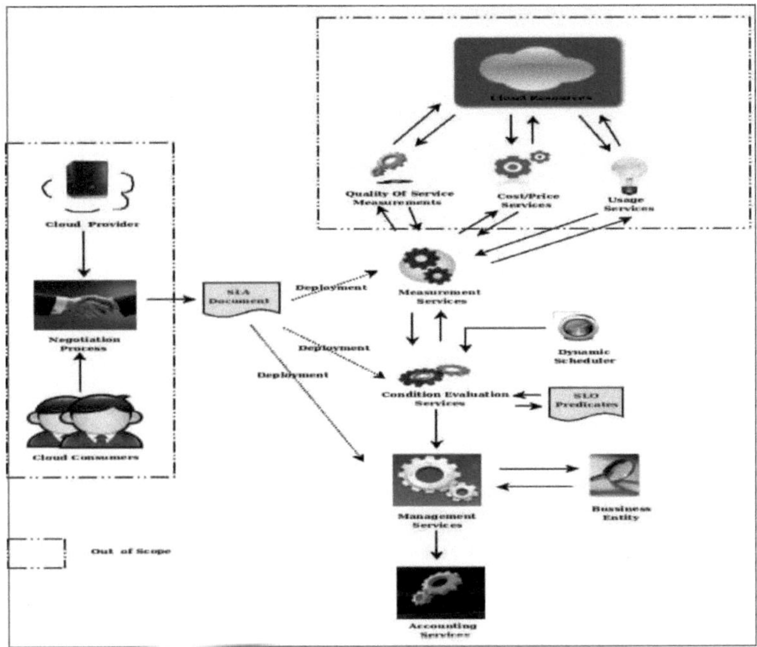

Figura 2-19: Arquitetura do acordo de nível de serviço Web. [8]

A figura anterior ilustra a arquitetura dinâmica do Cloud WSLA. Foi assumido que o Provedor de Nuvem e o Cliente de Nuvem já participaram do processo de negociação e têm um conjunto acordado de parâmetros de serviço, o estabelecimento da negociação está fora do escopo do trabalho. Eles já consideraram que o documento do SLA está estabelecido e só precisa ser implantado. Eles definiram a implantação do SLA como um processo de validação e distribuição do SLA para as partes envolvidas. Além disso, identificaram que o fornecedor e o cliente podem não querer partilhar o documento SLA completo com as partes envolvidas devido a considerações confidenciais. Assim, a implementação da sua arquitetura centrou-se nos serviços de medição, nos serviços de avaliação das condições e nos serviços de gestão.

Al Falasi, Asma e Mohamed Adel Serhani introduziram um quadro que permite a especificação dinâmica de SLAs, para além da verificação baseada em SLA e da composição de serviços na Nuvem. [9] A estrutura permite que os clientes da nuvem pesquisem facilmente um repositório de provedores de serviços na nuvem e especifiquem as medidas de QoS necessárias. Os Provedores de Nuvem poderão procurar em seus serviços web por serviços candidatos que atendam aos requisitos dos Clientes, e então comunicar uma lista de APIs de serviços candidatos a um corretor de composição confiável que preserva algumas técnicas de verificação para validar as medidas de QoS dos serviços candidatos. Os serviços candidatos que passam nos testes de verificação são então utilizados para serem devolvidos com uma solução composta de serviços em nuvem ideal que atenda à QoS dos clientes, conforme mostrado na Figura 2-20.

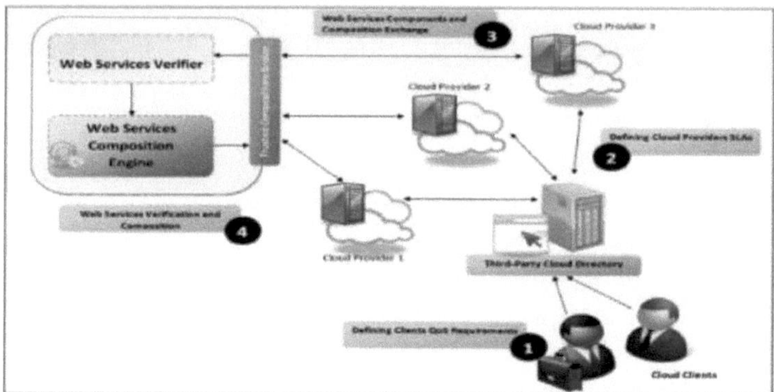

Figura 2-20: Estrutura de composição da nuvem baseada em SLA. [9]

O quadro mostrou que o cliente do serviço pode obter o resultado ótimo do SLA para concordar com ele ou voltar a negociar com o fornecedor de serviços para selecionar uma solução alternativa ou tentar outra, mas não mostrou o processo detalhado sobre como o cliente pode obter benefícios com este modelo, uma vez que o discutiram no mecanismo geral e não no detalhado, pelo que tentámos resolver este ponto no nosso quadro proposto.

Kosinski, Jacek, et al. propuseram um quadro de monitorização e gestão de SLA para serviços de telecomunicações. [10] Este quadro é composto por um quadro de monitorização e gestão de SLA concebido e implementado no âmbito do "SLA Management Framework for Telco Service Providers". A sua arquitetura é muito geral e pode interoperar com os sistemas de monitorização do desempenho e as ferramentas de gestão existentes.

A Figura 2-21 descreve o esquema geral da arquitetura do quadro SLAM. Utiliza agentes de mediação para recolher dados de diferentes fontes de dados, tais como: Sistema de Trouble Ticketing, base de dados de Gestão de Desempenho ou diretamente do elemento de rede.

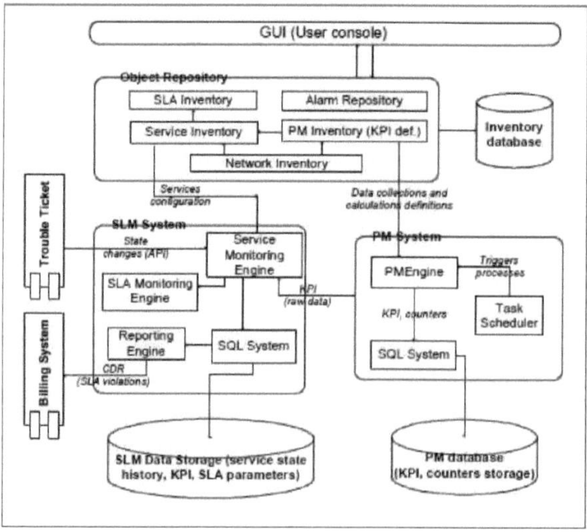

Identificaram dois tipos de informação: o primeiro é a informação de gestão de avarias, obtida a partir dos sistemas de gestão de avarias existentes ou recolhida diretamente dos elementos da rede. Esta informação deve ser processada no módulo de Monitorização de Serviços do sistema SLAM. O segundo tipo de informação são os KPIs (Key Performance Indicators) relacionados com o desempenho e fortemente dependentes do tempo. Esta informação deve ser processada pelo Sistema de Gestão de Desempenho, no qual o motor de Gestão de Desempenho é o mais importante.

A estrutura anterior representa uma solução bastante geral que pode ser personalizada de acordo com o fornecimento de serviços oferecidos, os requisitos de definição de SLA e a infraestrutura do sistema de monitorização subjacente.

Nie, Guihua, E. Xueni e Donglin Chen propuseram um modelo de acordo de nível de serviço na nuvem que se baseia no quadro do acordo de nível de serviço na Web. Inclui um modelo de coordenação e um modelo de gestão. Ele pode automatizar o desenvolvimento, a implantação, a medição, a avaliação e o gerenciamento do serviço de nuvem. [11]

Na Figura 2-22 , definiram que o agente coordenador é responsável pela negociação da composição do serviço, seja como a coordenação da negociação de vários serviços para garantir a QoS de ponta a ponta ou a negociação entre o cliente do serviço e um ou vários provedores de serviços. Como sabemos que os serviços em nuvem são apresentados em três camadas estruturadas, eles assumiram que, se os clientes solicitassem todos os tipos de serviços, eles dividiriam os SLAs em SaaS SLA (SSLA), PaaS SLA (PSLA), IaaS SLA (ISLA) e, em seguida, a CA os agregaria em um SLA do cliente e o enviaria para a biblioteca de modelos de SLA.

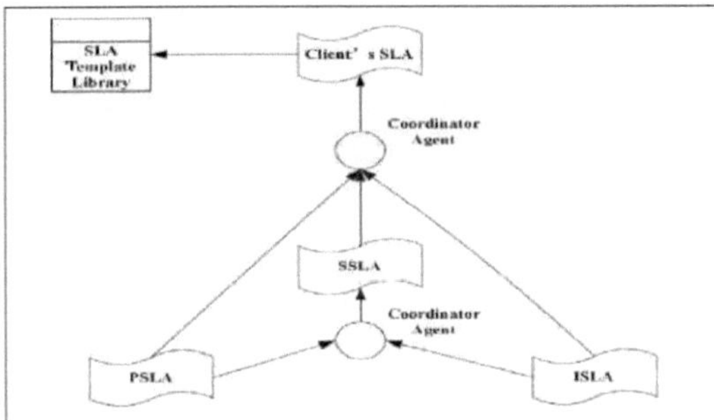

Figura 2-22: Modelo de coordenação de SLA. [11]

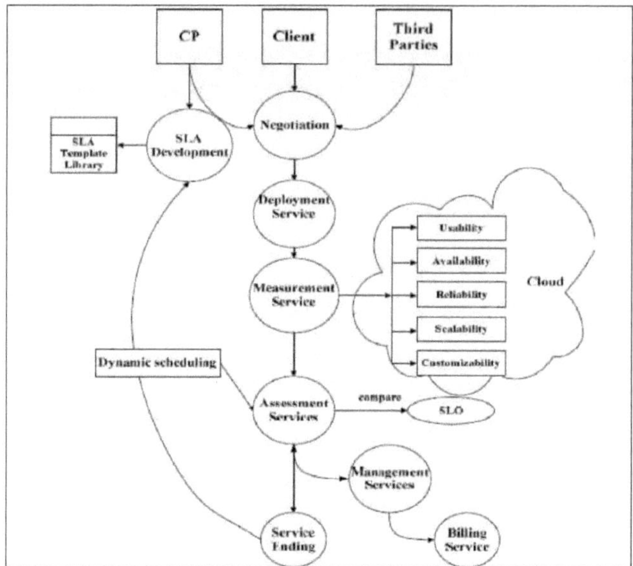

Figura 2-23: Modelo de gestão de SLA. [11]

Eles propuseram o modelo de gestão de SLA na Figura 2-23 e o implementaram para um serviço dinâmico na nuvem e seus recursos mudam dinamicamente, e os usuários não sabem sua localização definitiva. Por isso, acrescentaram a monitorização dinâmica ao modelo de SLA normal utilizado no serviço de medição para monitorizar os parâmetros do SLA.

Delegaram uma entidade terceira de confiança para garantir a segurança do serviço e acrescentaram um mecanismo de negociação de confiança.

Neste modelo, assumiram que o fornecedor de serviços em nuvem (CP) cria os seus próprios modelos de SLA e envia parte da instanciação dos mesmos aos clientes. Também podem ser entregues à biblioteca de recursos através da agência de serviços, permitindo que os próprios utilizadores pesquisem e seleccionem o modelo de SLA adequado, o que pode fazer com que o cliente perca os seus direitos, uma vez que não está suficientemente familiarizado para compreender que todos os seus requisitos serão satisfeitos através da criação de modelos de SLA semelhantes aos que os fornecedores de serviços em nuvem oferecem. No entanto, o cliente não saberá que parte do SLA pode reger esses fornecedores de serviços em nuvem que têm boa reputação. Como resultado, estas imperfeições levaram-nos a pensar em soluções para ultrapassar as desvantagens.

Clark, Kassidy P., et al. propuseram um quadro e uma conceção para uma monitorização segura e fiável dos SLAs especificados no Acordo WS através de modificações no Acordo WS para uma monitorização eficaz. [12]

Este quadro é representado como um quadro genérico e uma conceção para a monitorização segura e fiável dos SLAs em termos de violações; é um método para especificar políticas de violação, pelo que é útil na camada de monitorização do quadro proposto.

Na Figura 2-24, os componentes conceptuais da estrutura de monitorização são os Sensores de monitorização e um Processo de monitorização. Estes sensores devem ter acesso direto às variáveis locais das máquinas anfitriãs de um fornecedor, bem como uma ligação direta a quaisquer clientes e a todas as comunicações entre eles.

As responsabilidades do Processo de Monitorização são: identificar qual o SLA que requer monitorização; solicitar medições aos Sensores de Monitorização; verificar os resultados quanto a violações e agir adequadamente quando é detectada uma violação de acordo com o limiar definido no SLA. Um Processo Monitor tem um componente de interface e quatro motores: um Motor de Gestão, um Motor de Medição, um Motor de Violação e um Motor de Saída.

Por último, este quadro fornece uma base de trabalho; é também necessário mais trabalho para normalizar as sanções e provar as infracções.

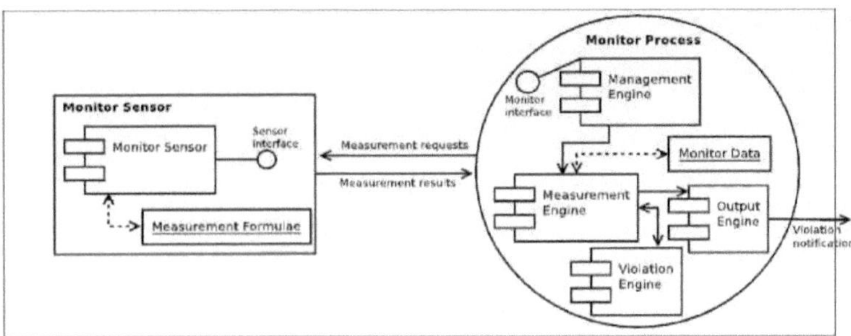

Figura 2-24: Modelo de implantação de monitoramento de SLA. [12]

Hammadi, Adil M. e Omar Hussain propuseram um quadro de monitorização de SLA para resolver o problema da avaliação da QoS em tempo real. A sua estrutura consiste em dois módulos, o primeiro é o módulo de avaliação da reputação e o segundo é o módulo de avaliação do risco transacional. [13]

Como mostra a Figura 2-25, o prestador de serviços terceiro equipado com esses módulos de avaliação pode fornecer uma avaliação em tempo real para que o cliente tome uma decisão informada de continuar a utilizar um serviço ou de migrar para outro prestador de serviços em caso de degradação do serviço.

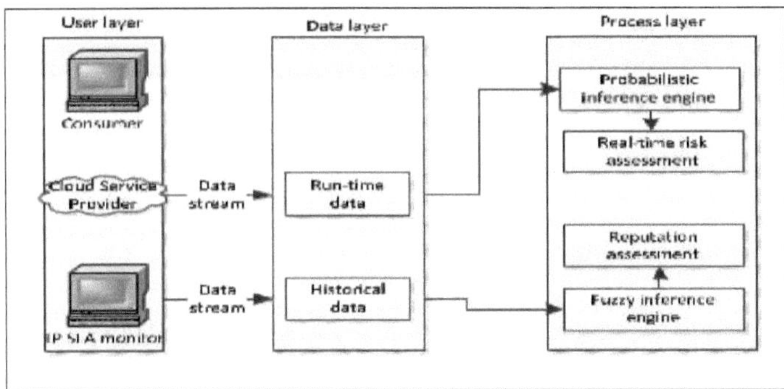

Figura 2-25: Estrutura de Monitorização de SLA. [13]

Neste contexto, os utilizadores recomendados (RU) são os utilizadores que receberam uma consulta de reputação de um cliente e respondem com base nas suas experiências anteriores com o prestador de serviços. O TP SLA Monitor agrega as opiniões dos RU para obter o valor final da reputação do Prestador de Serviços. Este componente é muito útil para ajudar o cliente a selecionar os fornecedores de serviços de computação em nuvem mais adequados, como se verá mais adiante no capítulo 3.

Lee, Shou-Yu, et al. propuseram um modelo para garantir a qualidade do serviço e a eficácia para apoiar a composição e a monitorização do serviço na computação em nuvem empresarial. Este middleware pode gerir automaticamente a atribuição de recursos de serviços a partir de serviços, plataformas e infra-estruturas, e fornecer uma forma segura e económica de aceder a serviços a partir de um ambiente de computação em nuvem. [14]

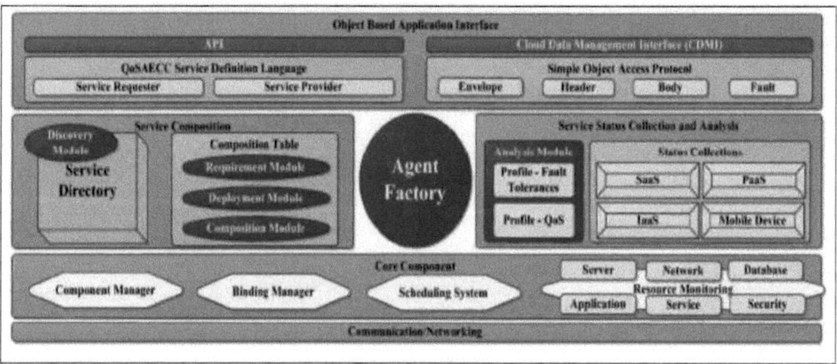

Figura 2-26: Modelo de middle-ware de garantia de QoS. [14]

A arquitetura da Figura 2-26 oferece um grande número de componentes de aplicações SOA que as pessoas podem publicar e reutilizar. Os programadores podem publicar modelos empresariais, requisitos de modelos de aplicações, serviços, interfaces de aplicações, ferramentas de teste, scripts de teste e políticas num diretório de serviços por agentes de serviços, para que estes serviços possam ser reutilizados.

Os provedores de serviços podem publicar SaaS, PaaS, IaaS e componentes de software, como modelos de aplicativos, interface de usuário, esquema de dados, políticas e ferramentas de teste em um diretório de serviços em nuvem, conforme mostrado na Figura 2-27. Esse diretório unificado de serviços em nuvem pode fazer com que os desenvolvedores de aplicativos encontrem os serviços em vários servidores distribuídos dinamicamente e usem a tecnologia SOA e de virtualização para combinar esses serviços.

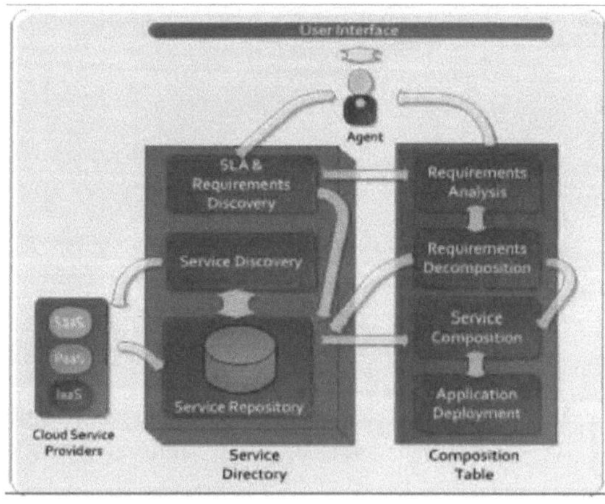

Figura 2-27: Diagrama de composição de serviços. [14]

O módulo de recolha e análise do estado do serviço na Figura 2-28, pode rastrear através da camada do sistema de nuvem IaaS para confirmar o estado dos recursos ambientais, tais como a utilização da VM, espaço de memória, carga da CPU, de modo a garantir que o fornecimento atual de recursos do sistema, o estado de acesso aos dados pela camada de PaaS, e, para os utilizadores SaaS front-end, para confirmar se o serviço operacional é adequado para a utilização com as necessidades de transmissão de informações interactivas para o dispositivo móvel, tais como localização, estado de transferência de dados, comportamento do utilizador do dispositivo móvel, etc. Os resultados finais serão reenviados ao agente para atribuição automática, a fim de obter um controlo da qualidade do serviço.

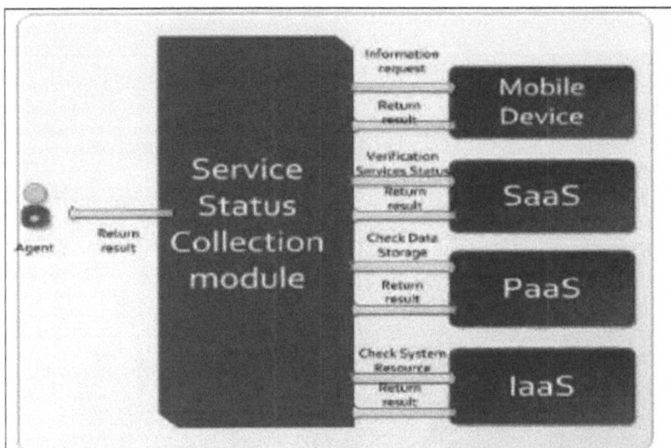

Figura 2-28: Módulo de recolha e análise do estado do serviço. [14]

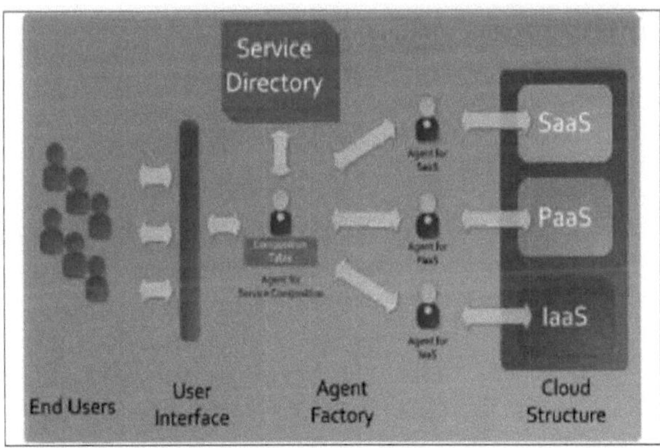

Figura 2-29: Monitorização de Middleware com Agentes. [14]

A Figura 2-29 mostra o processo quando o utilizador solicita a utilização de determinados serviços no ambiente de computação em nuvem e a quantidade de recursos que o sistema pode fornecer a esses serviços, pelo que é necessário monitorizar os recursos do sistema.

Estes quadros anteriores observaram uma arquitetura tradicional orientada para os serviços, como a monitorização e a atribuição de recursos, e como pode ser utilizada num ambiente de computação em nuvem empresarial.

Da discussão anterior sobre os diferentes tipos de estruturas SLA, quer relacionadas com modelos de monitorização quer com modelos de gestão, verificámos que todas estas estruturas são construídas com base em SLA de serviços Web.

Enquanto paradigma de computação orientada para os serviços, a computação em nuvem está a dar novas caraterísticas ao processo de fornecimento de serviços informáticos. Embora os serviços em nuvem sejam normalmente fornecidos através da interface dos serviços Web, existem ainda várias diferenças entre eles. A comparação, na perspetiva dos SLA, entre o fornecimento de serviços em nuvem e de serviços Web é analisada no Quadro 2-8.

Quadro 2-8: Diferenças entre os serviços em nuvem e os serviços Web em termos de SLA

EM TERMOS DE	*SERVIÇOS EM NUVEM*	*SERVIÇOS WEB*
1. SLA Identificação	Não existe uma linguagem normalizada para a descrição de serviços em nuvem que possa ser publicada na Internet.	Os serviços Web são normalmente definidos e descritos por uma linguagem de descrição de serviços, a UniversalDescription Descoberta e integração e proporcionando uma forma eficiente de publicidade e descoberta de serviços.
2. Parâmetros QoS	É necessário ter em conta muitos mais parâmetros de QoS para avaliar os serviços em nuvem devido à elevada complexidade e dinamismo do ambiente em nuvem, por exemplo, a QoS relacionada com a energia, a QoS relacionada com a segurança, a QoS relacionada com a privacidade e a QoS relacionada com a confiança. Os parâmetros de QoS são definidos pelo SMI (Service Management Index)	Os parâmetros de QoS utilizados para medir um serviço Web incluem principalmente o tempo de resposta, a taxa de violação do SLA para a tarefa, a fiabilidade, a disponibilidade, os níveis de diferenciação do utilizador e o custo do serviço.
3. Automatização	No paradigma da nuvem, a automatização dos SLA continua a ser uma área de investigação em rápido crescimento e está a receber cada vez mais atenção.	A negociação e a gestão automatizadas de SLA são, desde há muito tempo, questões de investigação importantes. Uma grande quantidade de trabalho relativo à automatização de SLA foi efectuada na área dos serviços Web

2.4.2 Quadros de seleção de fornecedores de serviços em nuvem

Alhamad, Mohammed, Tharam Dillon e Elizabeth Chang apresentaram um modelo de confiança para avaliar os serviços em nuvem, a fim de ajudar os utilizadores a selecionar os recursos mais fiáveis. [15]

A sua solução recomenda os recursos mais relacionados e fiáveis de vários fornecedores de serviços em nuvem. Os serviços mais relacionados significam os serviços que correspondem a todos os principais requisitos funcionais do serviço desejado, ou seja, no quadro proposto, os requisitos de QoS dos clientes. Este modelo utiliza a gestão de SLA e técnicas de confiança para fornecer um modelo fiável para selecionar o melhor fornecedor disponível entre vários fornecedores de serviços em nuvem para satisfazer os requisitos dos clientes.

A arquitetura proposta para um ambiente de computação em nuvem mostra, na Figura 2-30, os componentes básicos da arquitetura do seguinte modo: o agente SLA, o diretório de serviços em nuvem, os fornecedores de serviços em nuvem e as entidades do cliente em nuvem. [15]

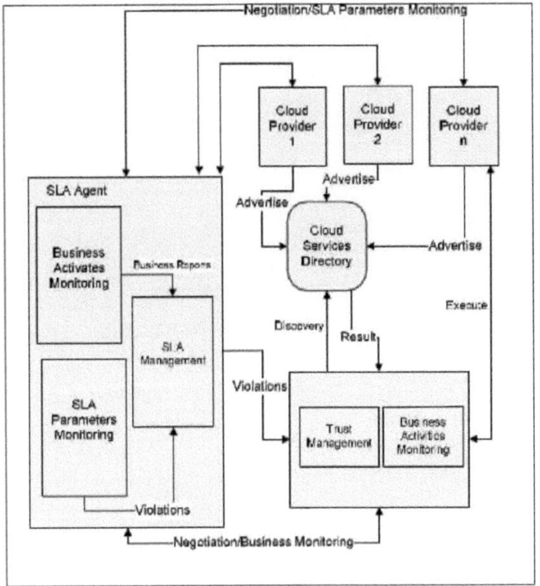

Figura 2-30: Modelo de confiança baseado em SLA para computação em nuvem. [15]

O diretório de serviços de computação em nuvem neste quadro armazena os IDs dos fornecedores de computação em nuvem e os anúncios funcionais dos seus serviços, uma vez que os clientes não conhecem os fornecedores de computação em nuvem existentes, pois não existe um registo para anunciar estes serviços. Não consideram os processos de descoberta e seleção de serviços, uma vez que o seu âmbito de investigação se limita apenas à conceção de acordos SLA e à gestão da confiança.

Yan, Shixing, et al. propuseram que as empresas recomendassem e seleccionassem automaticamente serviços em nuvem de acordo com os requisitos comerciais, as políticas e normas da empresa e as especificações das ofertas de nuvem. [16]

A abordagem mostrada na Figura 2-31 classifica os serviços em nuvem no catálogo e extrai os recursos categorizados para facilitar a análise e otimizar a seleção de serviços em nuvem. O catálogo de serviços de Nuvem serve como um repositório para armazenar todas as especificações de várias ofertas de serviços de Nuvem de Provedores de Nuvem que podem estar em Nuvem privada ou pública.

Adaptámos esta abordagem sistemática porque recomenda que qualquer empresa, uma vez que é considerada o cliente destes serviços em nuvem, selecione qualquer um dos fornecedores de plataformas de nuvem híbrida.

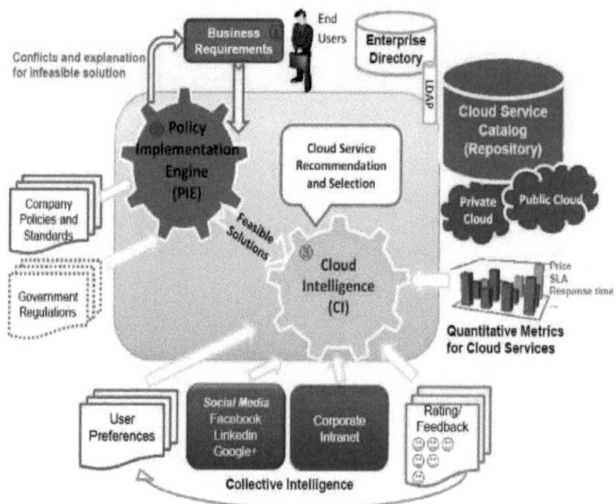

Figura 2-31: Quadro de recomendação e seleção de serviços em nuvem para empresas. [16]

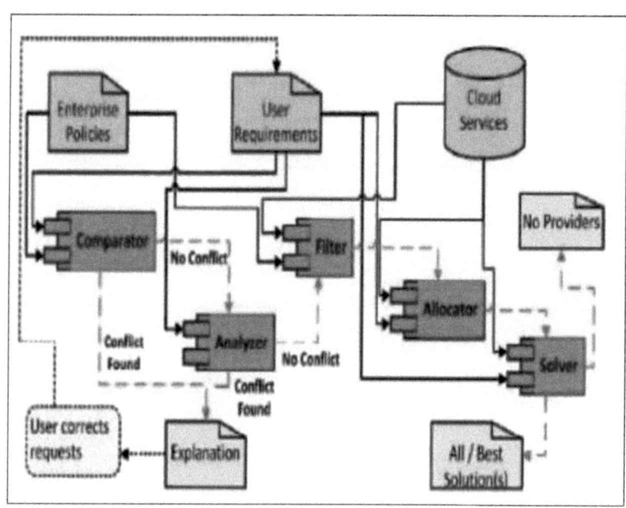

Figura 2-32: Motor de implementação de políticas. [16]

O componente mais recente desta abordagem é o Motor de Implementação de Políticas (PIE), apresentado na Figura 2-32, concebido para ter em conta técnicas de resolução de problemas. Fornece deteção automática de conflitos e explicações dos conflitos detectados para identificar os requisitos problemáticos do utilizador. As soluções geradas pelo PIE são avaliadas com base em vários critérios fornecidos por diferentes fontes, como a Inteligência Colectiva (IC), que permite que os utilizadores partilhem as suas experiências sobre a utilização de vários serviços em nuvem no catálogo. Considera-se que essa classificação e esse feedback provêm de utilizadores internos da plataforma, pelo que se tornam critérios de avaliação valiosos no módulo de IC.

Além disso, os requisitos comerciais dos utilizadores podem ser traduzidos para um conjunto de critérios baseados nas caraterísticas comuns dos serviços em nuvem e tornar-se a métrica de medição para esses serviços em nuvem.

Todas estas soluções ajudam a gerar a recomendação e a seleção de serviços em nuvem para os utilizadores.

2.4.3 Comparação entre os quadros conexos e o quadro proposto

Esta secção abordará as principais diferenças entre os quadros anteriores baseados em SLA na nuvem e o quadro proposto.

Quadro 2-9: Diferenças entre os quadros conexos e o quadro proposto

Em termos de	Quadros relacionados	Quadro proposto
1. SLA Formalização	O SLA é negociado e acordado sem recomendação prévia do prestador de serviços fiável.	O SLA é formalizado após a realização do processo de recomendação do fornecedor mais fiável. Os termos do acordo devem ser claramente definidos e antecipar problemas futuros, por exemplo (atualização de serviços)
2. Papéis de Corretor de Nuvem	O papel do Cloud Broker limita-se à coordenação do processo de negociação entre os clientes e os fornecedores.	As funções do Cloud Broker são claras e bem definidas. Em primeiro lugar, o corretor assegura que os requisitos dos clientes são compatíveis com as normas dos fornecedores e com a regulamentação governamental, antes de coordenar a negociação entre os clientes e os fornecedores. Além disso, coordenará a negociação entre os fornecedores e as transportadoras. O corretor será responsável por aconselhar os clientes sobre os serviços necessários de acordo com as suas necessidades.
3. 3. Funções do auditor	Medição e monitorização Os parâmetros do SLA não foram claramente definidos e quem será responsável por garantir a QoS.	O Auditor de Nuvem será responsável pelos processos de medição, monitorização e gestão da QoS a ser mapeada com os requisitos dos Clientes
4. Funções do transportador	O papel do transportador em nuvem não foi considerado.	O transportador de nuvem é responsável pela transferência dos serviços de nuvem dos fornecedores para os clientes.
5. Decisão Sistema de apoio	Não existia um sistema de apoio à decisão para aconselhar os clientes a seleccionarem o fornecedor certo com os requisitos certos.	Existe um sistema de apoio à decisão que dispõe de todas as reputações dos fornecedores depois de medir, monitorizar e gerir os parâmetros de QoS.
6. Ferramenta de Recomendação	Não existia uma ferramenta específica que facilitasse a procura do serviço pretendido.	Existe uma ferramenta proposta que é apresentada no VCloud Diretor. Trata-se de uma interface baseada na Web que permite aos clientes definir os serviços pretendidos

		entre os catálogos de fornecedores e, em seguida, selecionar o fornecedor mais fiável.

52

Capítulo III

PROPOSTA DE UM QUADRO PARA A SELECÇÃO DE FORNECEDORES DE SERVIÇOS EM NUVEM COM BASE NA GARANTIA DE SEGURANÇA

3.1 Introdução

A abordagem do quadro de investigação proposto será apresentada e discutida em pormenor nas secções seguintes. Na secção 3.2, apresentaremos os objectivos do quadro. A conceção concetual do quadro será ilustrada de forma exaustiva na secção 3.3.

3.2 Objectivos do quadro

Com a expansão da computação em nuvem, há um grande surgimento de provedores de nuvem e recursos de nuvem; portanto, é problemático para os clientes de nuvem escolher os provedores ou recursos mais confiáveis. É vital possuir uma técnica que mapeie os requisitos dos clientes e seus SLO descritos no SLA.

A principal intenção deste trabalho é introduzir uma abordagem que recomende o catálogo de serviços dos fornecedores de serviços em nuvem e ajude os clientes a selecionar o mais fiável, cumprindo os seguintes objectivos

■ Apresentar a técnica que permite aos clientes definir os seus requisitos de serviço e solicitar esse serviço a partir do catálogo de serviços através de uma interface de utilizador baseada na Web.

Indexação e classificação dos fornecedores de serviços em nuvem de acordo com as suas ofertas.

Integrar a negociação automática do SLA com a medição dos parâmetros de qualidade do serviço para garantir que estes são assegurados pelo fornecedor de serviços em nuvem através do SLA responsável pelo mapeamento dos SLO dos clientes e das suas especificações.

■ Manipula e reflecte a natureza dinâmica da Nuvem e realiza a avaliação da QoS através do cenário de negociação automatizada entre os cinco agentes da Nuvem, a saber: Clientes da Nuvem, Fornecedores da Nuvem, VCloud Diretor, Cloud Broker, Cloud Auditor e Cloud Carrier

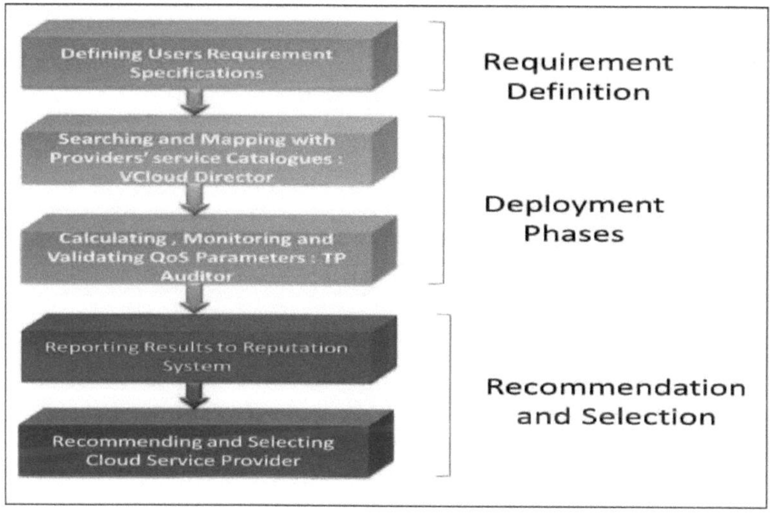

Figura 3-1: Marcos propostos para o quadro.

Para atingir os objectivos do quadro anteriormente mencionado, é necessário seguir as etapas indispensáveis. Estas etapas, tal como se apresentam na Figura 3-1, são descritas em pormenor a seguir:

1. A nova técnica, denominada VCloud Diretor, tenta permitir que os clientes definam a especificação do serviço pretendido e solicitem um serviço do catálogo de serviços através de uma interface de utilizador baseada na Web.

2. A orquestração de serviços dos fornecedores de serviços de computação em nuvem é a composição de componentes do sistema para apoiar as actividades do fornecedor de serviços de computação em nuvem na organização, coordenação e gestão dos recursos informáticos, a fim de fornecer serviços de computação em nuvem aos clientes.

3. Os terceiros na nuvem dividem-se em três tipos: o TP Cloud Broker, o TP Cloud Auditor, que é responsável pela avaliação dos serviços prestados por um fornecedor de serviços na nuvem em termos de controlos de segurança, impacto na privacidade, desempenho, etc., pelo que as suas funções se dividem em duas tarefas: a tarefa de monitorização e a tarefa de gestão. E, por último, o TP SLA Carrier.

4. Os repositórios de dados diferenciados são categorizados no quadro proposto que fornece a todos os motores os dados necessários para a realização das suas tarefas específicas.

5. Conforme discutido na etapa 3, em que a terceira parte foi dividida, o TP Cloud Broker desempenha duas funções nesta estrutura. A primeira é negociar as relações entre os provedores de nuvem e os clientes de nuvem. A segunda é mapear os requisitos de QoS dos clientes com as medidas do auditor antes de gerar o SLA e enviá-lo para a operadora de SLA.

6. Quando os clientes do Cloud recebem os fornecedores de Cloud classificados pelo VCloud Diretor, escolhem o mais fiável e enviam a sua decisão para o sistema de suporte à decisão do Cloud Broker para criar o SLA.

7. O TP Cloud Broker cria o SLA entre o fornecedor e o cliente e também cria o SLA entre o transportador e o fornecedor, uma vez que o transportador de nuvem fornece a conetividade e o transporte dos serviços de nuvem dos fornecedores de nuvem para os clientes de nuvem.

8. **3 Quadro proposto Conceção concetual**

Como se pode ver na Figura 3-2, o quadro proposto é composto por cinco módulos principais de agentes:

> Módulo VCloud Diretor

> Módulo de fornecedor de serviços em nuvem

> Módulo de cliente na nuvem

> Módulo Cloud Auditor

> Módulo Cloud Broker (Recomendação e seleção do fornecedor de serviços de computação em nuvem)

Cada módulo de agente é ilustrado com os seus componentes pormenorizados e a relação entre os outros módulos, bem como com o componente principal que é o cliente da nuvem.

O mapa do projeto na Figura 3-2 indica a cor de cada módulo, a fim de proporcionar uma visão geral de referência rápida. Nas próximas subsecções, cada componente será abordado de forma exaustiva.

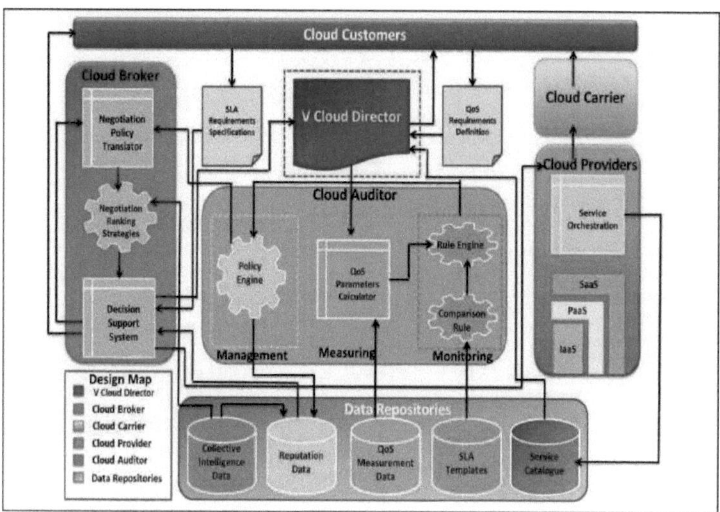

Figura 3-2: Desenho concetual do quadro proposto

3.3.1 Módulo de fornecedor de serviços em nuvem

O fornecedor de serviços de computação em nuvem é responsável por disponibilizar um serviço às partes interessadas. Adquire e gere a infraestrutura informática necessária para a prestação dos serviços, executa o software de computação em nuvem que fornece os serviços e toma medidas para fornecer os serviços de computação em nuvem aos clientes através do acesso à rede.

O fornecedor de serviços de computação em nuvem conduz as suas actividades através de uma orquestração de serviços, conforme ilustrado na Figura 3-3

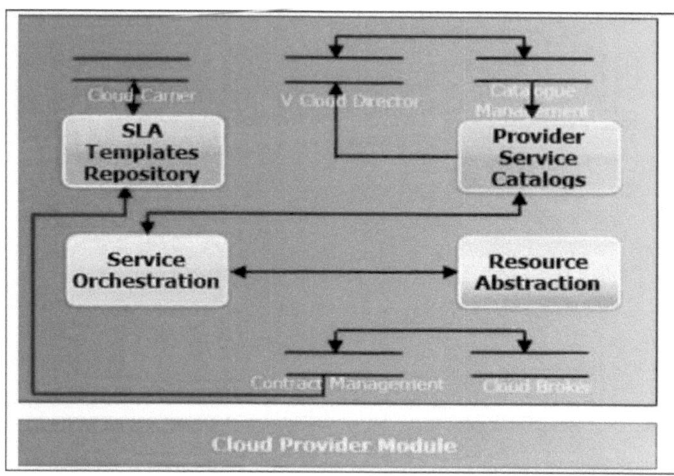

Figura 3-3: Módulo do fornecedor de serviços de computação em nuvem

O agente Cloud Service Provider inclui os seguintes componentes.

o Abstração de recursos: Envolve elementos de software, tais como hipervisor, máquinas virtuais, armazenamento de dados virtuais, componentes de software de suporte, realiza a infraestrutura sobre a qual um serviço em nuvem pode ser estabelecido.

o Orquestração de serviços: refere-se ao arranjo, à coordenação e à gestão da infraestrutura de nuvem para fornecer diferentes serviços de nuvem para atender aos requisitos de TI e de negócios.

o Catálogos de serviços: um repositório para armazenar todas as especificações das várias ofertas de serviços de computação em nuvem dos fornecedores de computação em nuvem, que podem ser privados ou públicos.

O agente do fornecedor de serviços de computação em nuvem comunica normalmente com outras partes.

o Interface VCloud Diretor: o fornecedor de serviços em nuvem anuncia a sua capacidade de nível de serviço como um anúncio num diretório VCloud, uma vez que é considerado o registo do serviço

o Interface de gestão de inventário: Configurar e gerir catálogos de serviços, envolve a criação e manutenção de um catálogo de serviços. Assegura que as informações no catálogo de serviços são exactas e actualizadas. Assegura que a descrição do serviço é inequívoca e valiosa para os clientes.

o Interface de gestão de contratos: Gerir contratos de serviços, configurar, negociar, fechar e rescindir contratos.

o SLA Broker como interface: Cria um SLA entre o provedor de nuvem e a operadora de SLA para transportar os serviços de nuvem para os clientes.

o SLA Carrier como interface: envia o SLA para o repositório de modelos SLA, a fim de ser monitorizado e gerido.

3.3.2 Módulo do sistema VCloud Diretor

O VCloud Diretor orquestra o aprovisionamento de serviços de centro de dados definidos por software como centros de dados virtuais completos que estão prontos para consumo numa questão de minutos. O serviço de centro de dados definido por software e os centros de dados virtuais simplificam fundamentalmente o aprovisionamento da infraestrutura e permitem que as TI se movam à velocidade dos negócios.

O VCloud Diretor é uma solução de software que permite a gestão do acesso do utilizador à nuvem. Permite criar e publicar ofertas de serviços, tais como máquinas virtuais, com configurações e aplicações específicas através de um catálogo de serviços. Permite que os clientes de serviços na Nuvem solicitem um serviço através de uma interface de utilizador baseada na Web. Os clientes podem selecionar um serviço a partir de um catálogo de serviços que está disponível através da interface de utilizador. O VCloud Diretor também fornece um mecanismo de autenticação para verificar as identidades dos clientes antes de lhes permitir solicitar serviços, como mostra a Figura 3-4

A solução V Cloud Diretor inclui os seguintes componentes.

o Repositório de requisitos de QoS: é um repositório que contém todas as especificações de requisitos dos clientes que são mapeadas para os parâmetros de QoS do serviço que serão medidos para verificar a sua validade.

o Sistema de reputação: é um sistema de inteligência que recolhe a reputação dos fornecedores de serviços de computação em nuvem a partir das redes sociais, das preferências dos utilizadores ou da classificação do feedback. (Inteligência colectiva)

o Catálogos de serviços de fornecedores: um repositório para armazenar todas as especificações de várias ofertas de serviços de computação em nuvem de fornecedores de computação em nuvem que podem estar em nuvem privada ou pública.

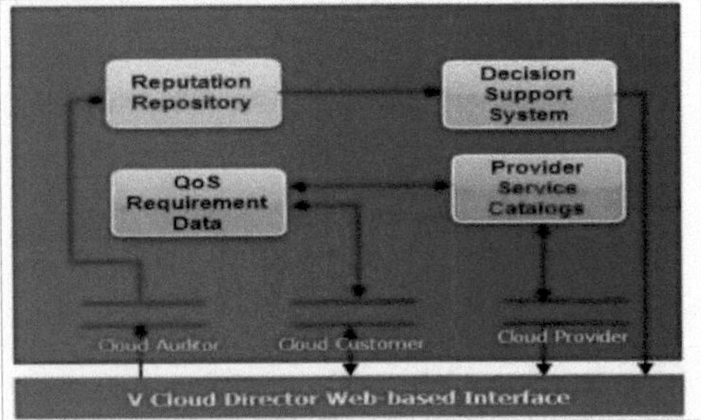

Figura 3-4: Módulo VCloud Diretor

3.3.3 Módulo de cliente na nuvem

O cliente da nuvem inclui os seguintes componentes no quadro proposto, como indicado na Figura 3-5.

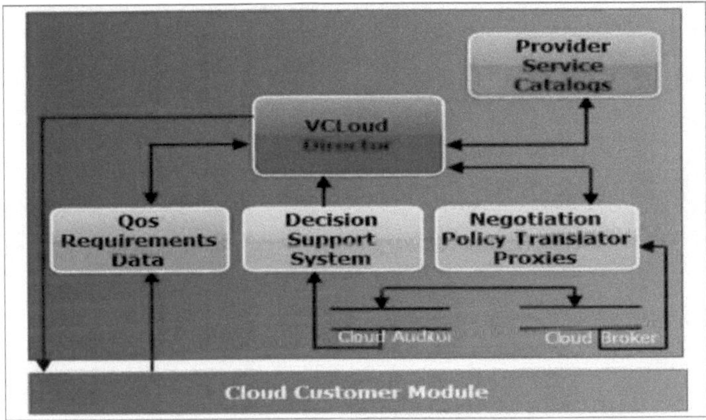

Figura 3-5: Módulo de cliente de nuvem

o O VCloud Diretor: tal como referido anteriormente, é uma interface de utilizador baseada na Web que permite

Os clientes devem definir os seus requisitos de QoS para poderem selecionar e solicitar o serviço ao fornecedor mais fiável.

o Repositório de requisitos de QoS: é o repositório que contém todos os requisitos de QoS que são traduzidos em parâmetros de QoS que são recolhidos do repositório do catálogo de serviços e calculados na fase de monitorização, a fim de gerar os relatórios de QoS e recomendar os fornecedores classificados e criar o SLA.

o Tradutor de políticas de negociação: Mapeia os requisitos de QoS dos clientes de acordo com os catálogos de serviços do fornecedor de serviços em nuvem.

o Interface de monitorização e relatórios: Descobrir e monitorizar os recursos virtuais, monitorizar as operações e os eventos da Nuvem e gerar relatórios de desempenho.

O Cliente de Nuvem também comunica com outras partes da seguinte forma;

o Cloud Broker: Depois que o cliente obtém o resultado sobre os provedores classificados. Ele envia sua decisão para o corretor para criar o SLA com suas especificações medidas.

As actividades resumidas que o Cliente de Nuvem passa através da estrutura proposta para selecionar o Fornecedor de Serviços de Nuvem são mostradas na Figura 3-6.

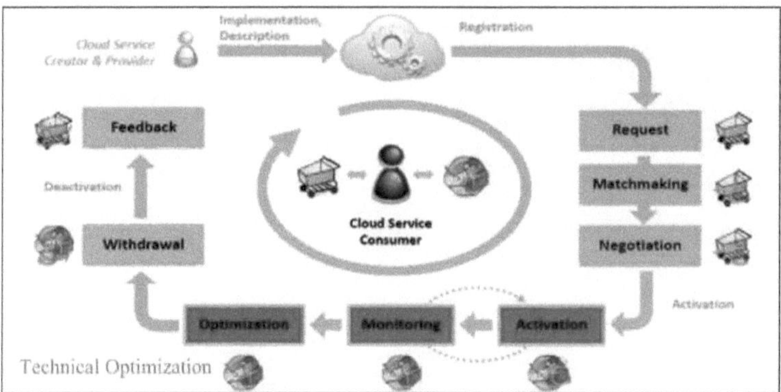

Figura 3-6: Actividades do cliente da nuvem através do quadro proposto

3.3.4 Módulo Cloud Auditor

Conforme discutido anteriormente, o gerenciamento abrangente do SLA ao longo da vida útil do SLA inclui o processo de monitoramento para que o SLA seja formado entre o cliente e o provedor. A Figura 3-7 ilustra os componentes das interfaces do TP Cloud Auditor com os mesmos.

o Calculador de parâmetros de QoS: retoma os parâmetros de QoS do repositório de dados de medição de QoS para serem calculados, a fim de efetuar a validação desses parâmetros.

o Regra de comparação: são as condições utilizadas para acionar um alarme se existirem violações do SLA.

o Motor de regras: compara os dados de QoS calculados pela camada de cálculo de QoS com o contrato SLA apropriado e as regras de comparação, para detetar se o QoS está em conformidade com o SLA.

o Interface de gestão de SLA: Engloba a definição do contrato SLA (esquema básico com os parâmetros de qualidade do serviço), a monitorização do SLA e a aplicação do SLA, de acordo com as políticas definidas.

o Interface de monitorização e relatórios: Descobrir e monitorizar os recursos virtuais, monitorizar as operações e eventos da Nuvem e gerar relatórios de desempenho.

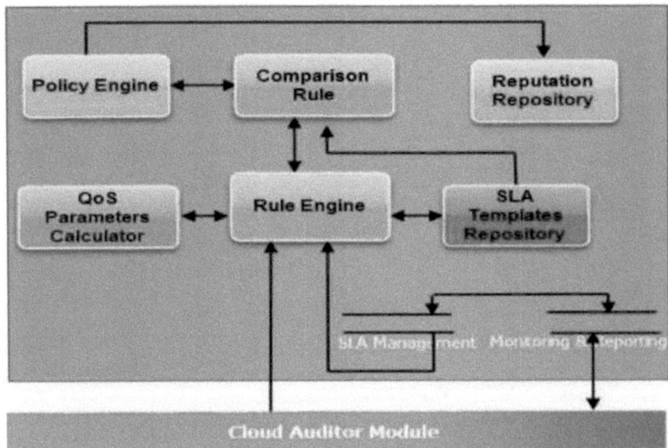

Figura 3-7: Módulo Cloud Auditor

3.3.5 Módulo Cloud Broker (Recomendação e seleção do fornecedor)

Depois de listar todos os módulos da estrutura proposta que interagem com outros componentes da estrutura, o processo de seleção será implementado e a Figura 3-6 mostra como o processo de seleção pode ser realizado e como as partes componentes interagem com ele e com a formação do SLA entre o fornecedor de serviços em nuvem e o cliente da nuvem. O módulo inclui as seguintes restrições.

o Política de negociação Proxies tradutores: são o conjunto de referências para os catálogos de serviços remotos dos Provedores de SLA a serem mapeados com os requisitos de QoS dos Clientes de Nuvem.

o Estratégias de classificação de negociação: obtém informações adicionais sobre a reputação do fornecedor de serviços em nuvem para classificá-lo e fornecer o feedback ao VCloud Diretor.

o Sistema de apoio à decisão: quando os clientes recebem as informações de feedback sobre os fornecedores classificados, enviam a sua decisão de seleção para o sistema de apoio à decisão do corretor para criar o SLA entre o fornecedor de serviços em nuvem e o cliente de serviços em nuvem. Além disso, o provedor solicita ao corretor a criação de um SLA entre o provedor de SLA e o provedor de nuvem, a fim de transformar os serviços de nuvem do provedor para os clientes.

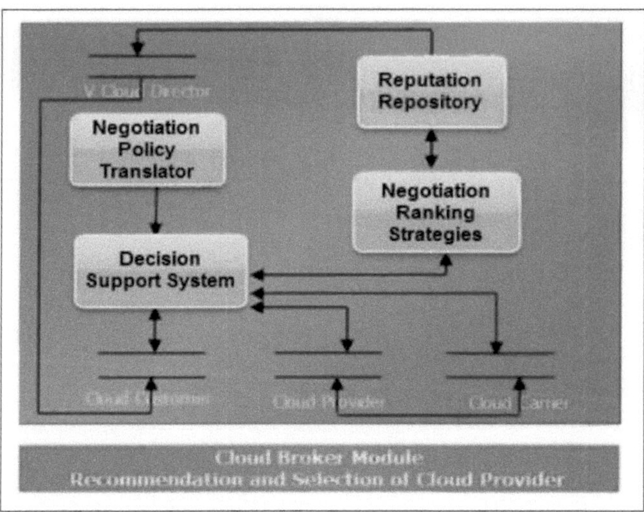

Figura 3-8: Módulo do corretor de nuvem

3.1 Mecanismo de enquadramento

A Figura 3-9 mostra este mecanismo como um diagrama de sequência que inclui tanto o cliente como o fornecedor de serviços de computação em nuvem como um ator e os diferentes objectos relacionados com os seus eventos.

As sequências do quadro começam com um cliente de serviços que fornece um requisito e especificações predefinidos, considerados como um modelo com elementos de informação fixos e predeterminados. Estas especificações são consideradas parâmetros de dados de QoS que serão fornecidos ao VCloud Diretor, que é o registo de serviços em nuvem.

Em alternativa, o fornecedor de serviços de computação em nuvem começa por anunciar a orquestração dos seus serviços no catálogo de serviços de computação em nuvem e, em seguida, este catálogo de serviços também pode ser registado no VCloud Diretor; delega no TP Auditor a monitorização destes parâmetros de QoS.

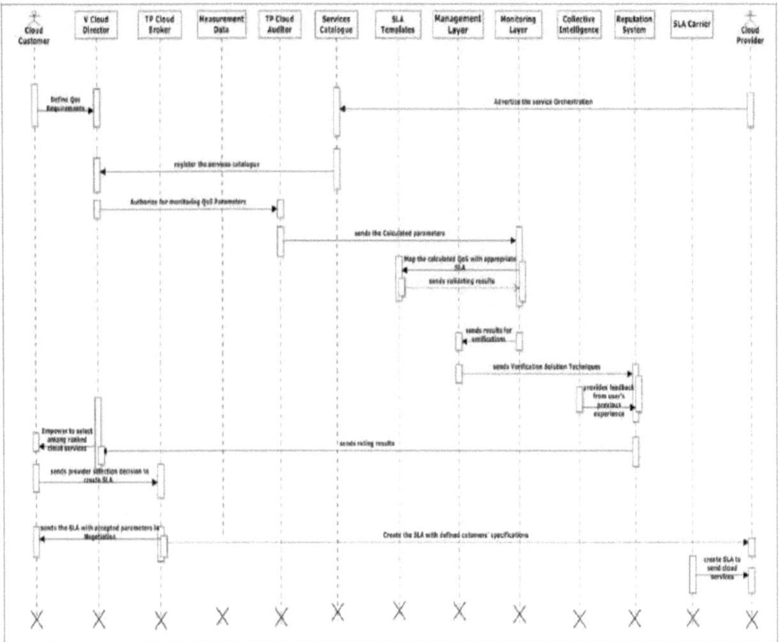

Figura 3-9: Diagrama de sequência de seleção do fornecedor de serviços em nuvem

Continuamente, os parâmetros prometidos, métricas dos serviços como o tempo de resposta e a disponibilidade, são calculados na camada de cálculo.

Na camada de monitorização, o motor de regras compara os dados de QoS calculados pela camada de cálculo de QoS com o contrato SLA adequado e as regras de comparação, para detetar se a QoS está em conformidade com a do SLA.

Posteriormente, a camada de monitorização envia os resultados da QoS para verificação pela camada de gestão. O motor de políticas nesta camada é responsável por detetar os conflitos e explicá-los para identificar os requisitos problemáticos do utilizador ou para garantir que o fornecimento de serviços anteriores está em conformidade com o acordo baseado no resultado da medição efectuada. Se detetar quaisquer violações, imporá uma penalização ao fornecedor de serviços ou solicitará um serviço especial de acordo com o seu comportamento ao longo de todo o processo. Se não detetar quaisquer violações, enviará o feedback sobre o comportamento dos prestadores para o sistema de reputação.

O sistema de reputação recolhe os seus dados a partir do motor de políticas ou do repositório de inteligência colectiva, uma vez que permite aos utilizadores partilharem as suas experiências sobre a utilização de vários serviços em nuvem no catálogo e classificar os fornecedores de acordo com essas mensagens.

O sistema de reputação concede uma avaliação real do fornecedor de serviços em nuvem e envia esses resultados ao VCloud Diretor, o que permite aos clientes selecionar entre os fornecedores classificados os que satisfazem as suas necessidades de serviço.

Posteriormente, os Clientes da Nuvem decidem selecionar o Fornecedor mais fiável entre eles e enviam a sua decisão para o Sistema de Apoio à Decisão do TP Broker para criar o SLA que garante a QoS. Além disso, os Provedores de

Nuvem autorizam o TP Broker a criar o SLA entre eles e a Operadora de SLA, pois ela é responsável por enviar os serviços de Nuvem dos Provedores para os Clientes.

Capítulo IV

ESTUDO EXPERIMENTAL E AVALIAÇÃO DO DESEMPENHO

4.1   INTRODUÇÃO

A secção 4.2 ilustra o conceito de parâmetros de qualidade do serviço utilizados na avaliação dos serviços em nuvem. O ambiente de teste será introduzido e descrito na Secção 4.3. Os resultados dos testes serão apresentados na secção 4.4.

4.2   Parâmetros de desempenho de QoS na nuvem

Existem muitos serviços diferentes oferecidos pelos fornecedores de serviços em nuvem que atendem às necessidades de TI de diferentes organizações. Cada serviço tem um desempenho diferente em termos de eficiência, tempo de resposta, utilização de recursos, exatidão e estabilidade. As organizações (clientes) precisam de compreender o desempenho das suas aplicações nas diferentes nuvens e se estas implementações correspondem às suas expectativas.

4.3   Ambiente de teste

O nosso estudo baseia-se no quadro proposto. A Figura 4-1 mostra o ambiente de teste que foi implementado na EMC^2 Co. [20] através do seu laboratório de testes, que consiste em dois servidores físicos Dell ligados através da rede de área de armazenamento "SAN" com o comutador de canal de fibra à matriz de armazenamento EMC VNX, para além dos clientes VSphere.

Os clientes V Sphere são a interface que permite aos clientes ligarem-se remotamente ao V Center Server a partir de qualquer PC Windows [21]. É utilizada para configurar o anfitrião e operar as suas máquinas virtuais. Os clientes V Sphere são ligados através de um interrutor Ethernet para aceder aos anfitriões.

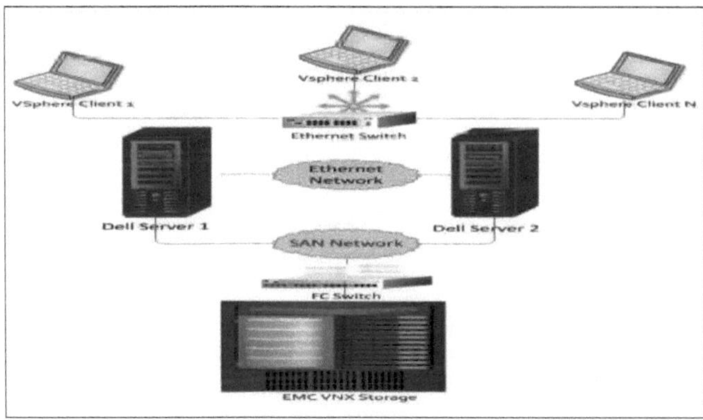

Figura 4-1: Ambiente de teste

Até à data, não existe um padrão de referência para o ambiente de nuvem. Ainda é uma área de investigação em aberto construir o nosso parâmetro de referência que considere que o SAP, o SQL e o Oracle são as aplicações dos Clientes que possuem e que solicitam a infraestrutura e a plataforma como um serviço com as seguintes especificações na Tabela 4-1 para medir a utilização dos recursos solicitados (CPU, Memória e Rede) fornecidos pela EMC^2 e executar um cenário de teste para medir o tempo de resposta das três aplicações em execução na Nuvem para avaliar o desempenho do fornecedor de serviços e garantir a eficiência da Nuvem.

Quadro 4-1 Especificações dos requisitos dos clientes

SO	CPU	MEMÓRIA	REDE
Windows 7 64bit	1 VCPU= 3GHz	2 GB DE RAM	1 Adaptador Ethernet com 1000Mb/s Base T

Os requisitos básicos das infra-estruturas são representados pela CPU, RAM e rede. Além disso, é necessário o sistema operativo Windows para a plataforma.

Testámos as caraterísticas de E/S das três aplicações utilizando a aplicação Iometer aplicada na nuvem de teste.

O Iometer é uma ferramenta de medição e caraterização do subsistema de E/S para sistemas simples e em cluster. O Iometer é simultaneamente um gerador de carga de trabalho (ou seja, executa operações de E/S para sobrecarregar o sistema) e uma ferramenta de medição (ou seja, examina e regista o desempenho das suas operações de E/S e o seu impacto no sistema). [22] Pode ser configurado para emular a carga de E/S do disco ou da rede de qualquer programa ou parâmetro de referência, ou pode ser utilizado para gerar cargas de E/S inteiramente sintéticas. Pode gerar e medir cargas em sistemas únicos ou múltiplos (em rede). O Iometer pode ser utilizado para medição e caraterização de:

o Desempenho dos controladores de disco e de rede.

o Capacidades de largura de banda e latência dos barramentos.

o Rendimento da rede para as unidades ligadas.

Executámos os nossos testes durante 6 horas e a Tabela 4-2 seguinte mostra as caraterísticas de E/S de entrada da carga de trabalho das aplicações de referência [23]

Termos de	SAP	SQL	ORACLE
Máximo. IOPs	11200	11200	11200
Rácio de leitura %	88	88	88
Tamanho IO (Byte)	20500	8192	16000
Duração dos ensaios (horas)	6	6	6
Alinhamento IO	1MB		
Duração da explosão	1 IO		

Tabela 4-2 Caraterísticas de E/S da aplicação

O cenário de teste do parâmetro de referência é construído com base no Opnet Modeler. O Opnet Modeler é um ambiente de simulação atualizado capaz de simular o comportamento de processos de rede (protocolos de comunicação), componentes de rede (servidores, estações de trabalho, comutadores, routers, etc.), aplicações (http, ftp, e-mail, VoIP, base de dados, etc.) e as suas combinações alargadas (sub-redes, redes fixas e sem fios, etc.). Suporta também serviços diferenciados com um processo de configuração muito próximo da configuração de sistemas reais. [25]

Concebemos a topologia do ambiente de teste utilizando o modelador Opnet para medir o tempo de resposta da consulta da base de dados através desta rede em nuvem. A Figura 4-2 mostra o fluxo de trabalho de configuração utilizado para construir esta topologia. Consiste no nó Utilizador como Cliente da Nuvem que solicita os serviços da Nuvem para aceder às aplicações da base de dados que são SAP, Oracle e SQL. Há dois servidores Dell conectados ao cliente por meio de um switch Ethernet e também estão conectados à matriz de armazenamento por meio de um switch de canal de fibra. As aplicações da base de dados estão a ser executadas no hipervisor do servidor. O segundo servidor é utilizado para a migração e, em caso de avaria, será convertido automaticamente e sem tempo de inatividade, permitindo a migração em tempo real de máquinas virtuais em execução de um servidor físico para outro sem tempo de inatividade, com disponibilidade de serviço contínua e integridade total das transacções.

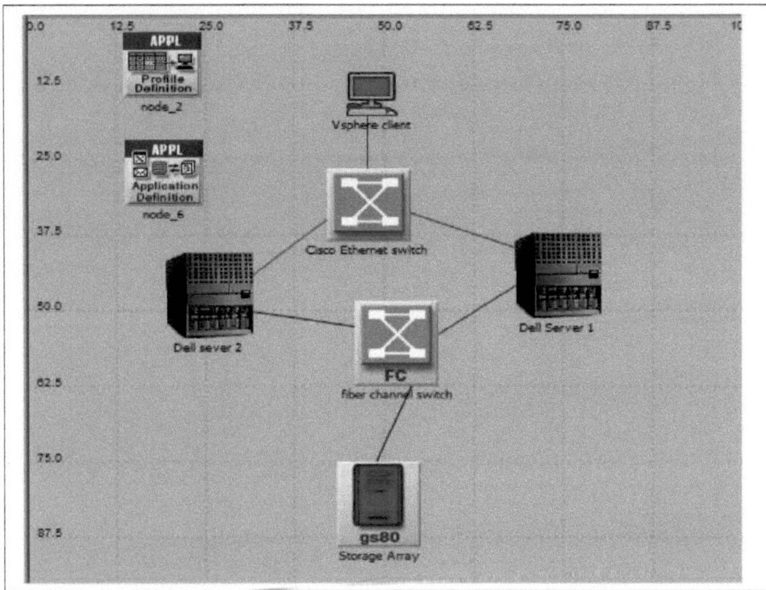

Figura 4-2: Modelo de simulação

4.4 Seleção e recomendação do fornecedor de serviços em nuvem

O processo de classificação, seleção e recomendação dos clientes com o fornecedor de serviços em nuvem mais fiável é implementado através das seguintes etapas;

- Recolha de dados para a métrica KPI de desempenho, que é representada pela eficiência da Nuvem, medida pela utilização de recursos e pelas métricas de tempo de resposta a partir da avaliação de aplicações de referência.

- Cálculo do valor médio de utilização dos recursos CPU, Memória e Rede através da eq.1 da secção 2.3.1.2

- Cálculo do tempo médio de resposta das três aplicações de base de dados em execução no Cloud Provider através da eq.2 na secção 2.3.1.2.

- Cálculo da eficiência da Nuvem para cada Fornecedor de Nuvem através da eq.3 ilustrada na secção 2.3.1.2

- Atribuição de pesos à utilização dos recursos solicitados e ao tempo de resposta. Estes pesos são atribuídos com base numa escala própria de cada Cliente, de acordo com a importância dos seus requisitos. A soma destes pesos deve ser igual a 1.

- Atribuição de pesos ao nível superior dos KPIs de desempenho de QoS, que são representados pela utilização de recursos e pelo tempo de resposta.

- Classificar e selecionar o prestador de serviços através da metodologia Analytical Hierarchy Process (AHP), comparando cada valor da métrica Cloud Performance KPIs em mais do que um prestador, como se mostra na Figura 4-2

-        Recomendação aos clientes através do envio de uma lista de fornecedores classificados que é ordenada com base nos valores de eficiência numa ordem descendente para selecionar o fornecedor de serviços em nuvem mais fiável que satisfaça os seus requisitos.

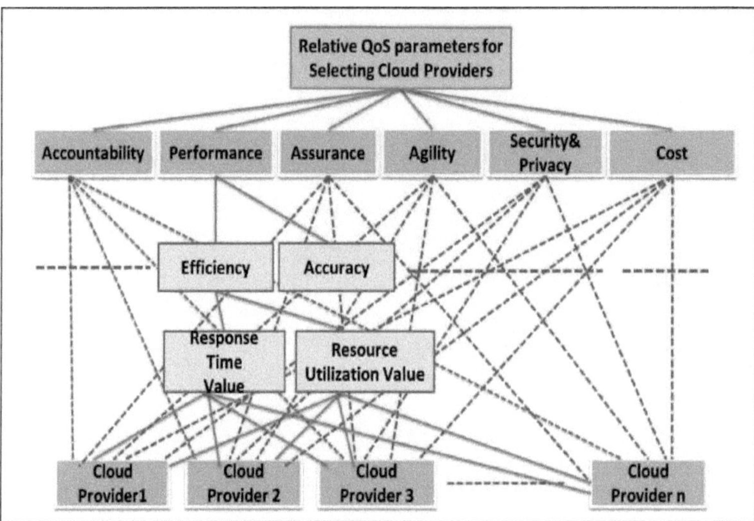

Figura 4-3: AHP para a seleção do fornecedor de serviços de computação em nuvem

4.5 Métricas de nuvem selecionadas de KPIs de QoS

Como o quadro proposto pretende capacitar os clientes de serviços em nuvem para selecionar entre os diferentes fornecedores de serviços em nuvem, bem como garantir a qualidade dos seus serviços através de uma métrica de parâmetros de qualidade que é utilizada para mapear as especificações dos requisitos dos clientes para satisfazer o seu Acordo de Nível de Serviço. Por conseguinte, não é suficiente apenas descobrir vários serviços em nuvem, mas também é importante avaliar qual é o serviço em nuvem mais adequado para os clientes.

O estudo de avaliação foi simplificado aos dados disponíveis que pudemos recolher junto de um fornecedor e de um cliente para medir os elementos variáveis do desempenho como parâmetro de QoS que se concentrou na eficiência da Nuvem que é medida pela utilização dos recursos e pelo tempo de resposta de acordo com a importância de cada um para as especificações dos requisitos do cliente.

4.6 Avaliação da métrica dos KPIs de desempenho

O estudo experimental da investigação centrou-se na métrica do parâmetro de desempenho. A monitorização do desempenho da Nuvem deve monitorizar a capacidade dos componentes da Nuvem em fornecer o serviço esperado. Em grande medida, as nuvens são baseadas em recursos virtualizados. Concentramo-nos nos fornecedores de virtualização que fornecem soluções de gestão/monitorização que recolhem um conjunto robusto de estatísticas de utilização de recursos na eq. 1, embora forneçam uma boa visão dos componentes individuais, podem não fornecer uma visão completa sobre o desempenho de todo o ambiente de nuvem.

4.6.1 Resultados dos testes de desempenho dos recursos atribuídos

A utilização de recursos é medida pelos recursos atribuídos divididos pelos recursos predefinidos. Os resultados dos recursos de memória atribuídos no ambiente de teste são apresentados na Figura 4-4, uma vez que se trata de uma das especificações exigidas pelo cliente.

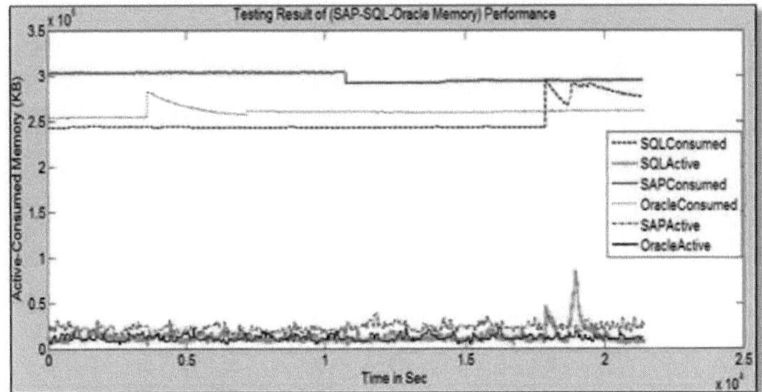

Figura 4-4: Desempenho da memória alocada

Os resultados do desempenho da memória alocada são apresentados na Figura 4-5, onde se observa que o parâmetro consumido representa o número de RAMs que a VM reservou para satisfazer os requisitos do utilizador. O parâmetro Active representa o número de RAMs que já foram utilizadas pelo utilizador.

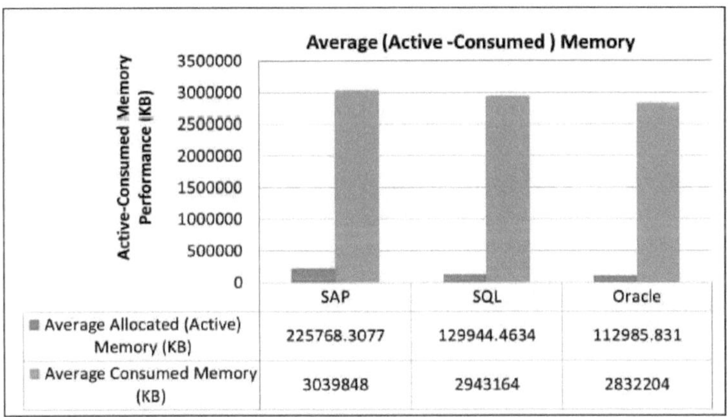

Average (Active -Consumed) Memory			
	SAP	SQL	Oracle
■ Average Allocated (Active) Memory (KB)	225768.3077	129944.4634	112985.831
■ Average Consumed Memory (KB)	3039848	2943164	2832204

Figura 4-5: Desempenho da memória ativa - consumida

Concluímos, a partir dos resultados do gráfico e da tabela anteriores, que as aplicações dos utilizadores utilizaram menos memória do que a solicitada de acordo com a percentagem de memória ativa, o que prova que o fornecedor reservou o seu pedido de acordo com a percentagem consumida.

Os resultados dos recursos atribuídos à CPU são apresentados na Figura 4-6, que mostra a média do desempenho da CPU atribuída às três aplicações.

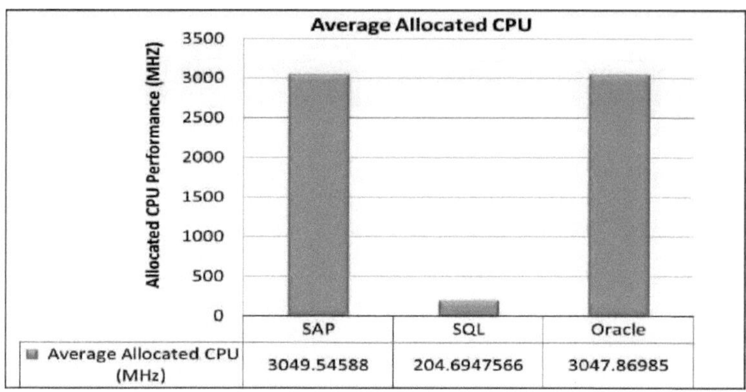

Figura 4-6: Desempenho da CPU alocada

O desempenho da utilização da rede na Figura 4-7 representa as diferenças entre as três aplicações de bases de dados. A largura de banda média de rede mais elevada é consumida pela aplicação SAP, em vez da aplicação Oracle, que consome a largura de banda de rede mais baixa.

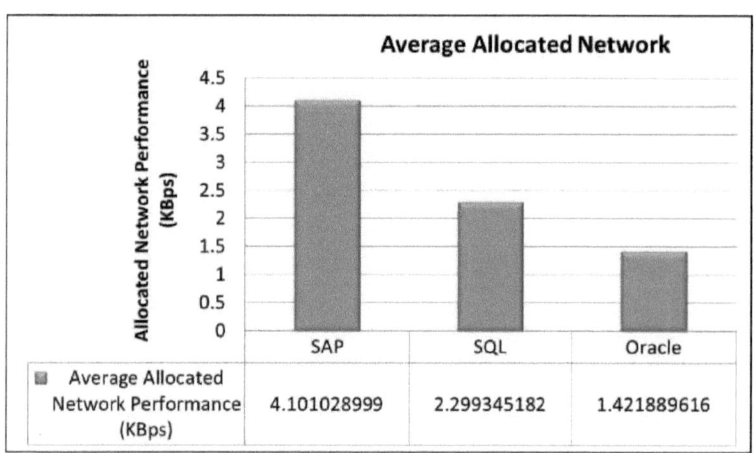

Figura 4-7: Desempenho da rede atribuída

Os nossos resultados mostraram que todas as especificações de CPU, Memória, Rede e Disco virtuais dos clientes, necessárias para executar as suas aplicações SAP, SQL e Oracle, são cumpridas com os critérios definidos no SLA, mas com diferentes médias de desempenho de utilização de acordo com cada aplicação.

4.6.2 Resultados comparados do desempenho da utilização de recursos

De acordo com a equação de utilização de recursos Eq.1 [26] no Capítulo 2 na secção 2.3.1.2, a quantidade de recursos alocados é extraída do resultado do teste e os recursos pré-definidos foram definidos na Tabela 4-1 anterior, e usando a equação de utilização de recursos para os recursos (CPU, Memória e Rede) os resultados serão ilustrados nas figuras seguintes.

Na Figura 4-8, compara-se a utilização da CPU nas três aplicações SAP, SQL e Oracle. Observando os resultados obtidos, pode concluir-se que existe uma elevada degradação na utilização da aplicação SQL em comparação com as outras duas aplicações. Isto não significa que as especificações do cliente não tenham sido satisfeitas, mas sim que as suas especificações de requisitos foram inferiores ao serviço fornecido.

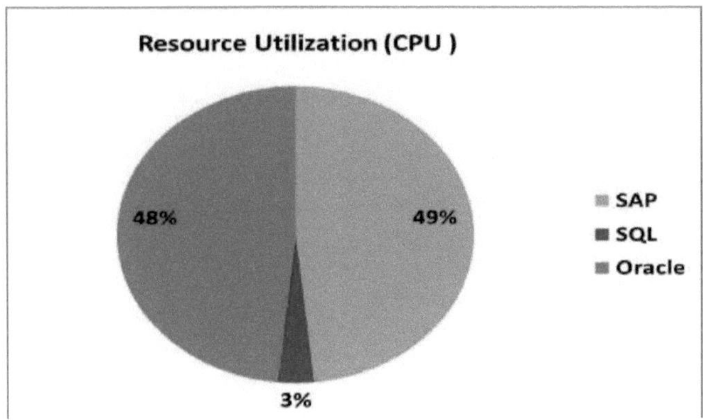

Figura 4-8: Percentagem de utilização da CPU

A Figura 4-9 observa as diferenças no desempenho da utilização de memória entre SAP, SQL e Oracle. A utilização elevada na aplicação SAP significa que esta utilizou as especificações de memória necessárias mais do que as outras duas aplicações.

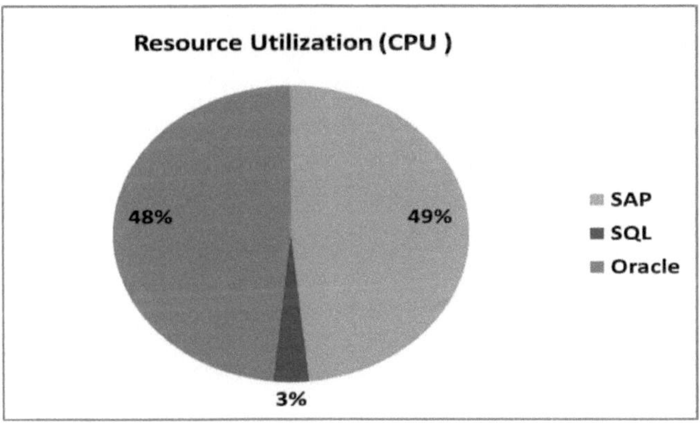

Figura 4-8: Percentagem de utilização da CPU

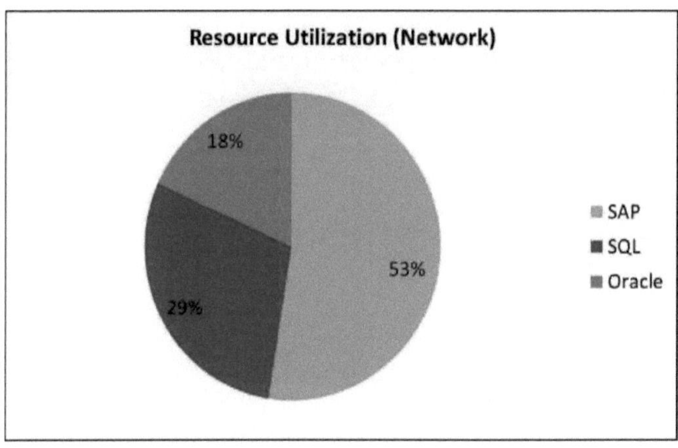

Figura 4-10: Percentagem de utilização da rede

A Figura 4-10 esclarece o desempenho da utilização da rede através das três aplicações. O SAP consumiu a maior largura de banda da rede e as especificações dos clientes da nuvem são atendidas por todos esses serviços necessários.

A média comparada dos resultados de utilização dos três recursos (CPU - Memória - Rede) através das aplicações de benchmark é observada na Tabela 4-3

Tabela 4-3 Utilização média para cada recurso.

CPU	Memória	Rede
0.700234	0.0744976	0.00000261

A melhoria dos resultados apresentados acima deve-se ao tamanho das E/S para cada aplicação executada na rede de testes em nuvem e os resultados mostraram que as especificações dos requisitos do cliente foram cumpridas pelo fornecedor de serviços de testes em nuvem.

4.6.3 Resultados do teste do tempo de resposta na métrica de desempenho

Utilizando um cenário de teste ilustrado na secção 4.3 e concebendo a sua rede para medir os parâmetros de desempenho de QoS, a Figura 4-11 seguinte esclarece o tempo de resposta decorrido entre o envio de um pedido e a receção do pacote de resposta. Medido desde o momento em que a aplicação de consulta à base de dados envia um pedido ao servidor até ao momento em que recebe um pacote de resposta. Cada pacote de resposta enviado de um servidor para uma aplicação de consulta de base de dados é incluído nesta estatística.

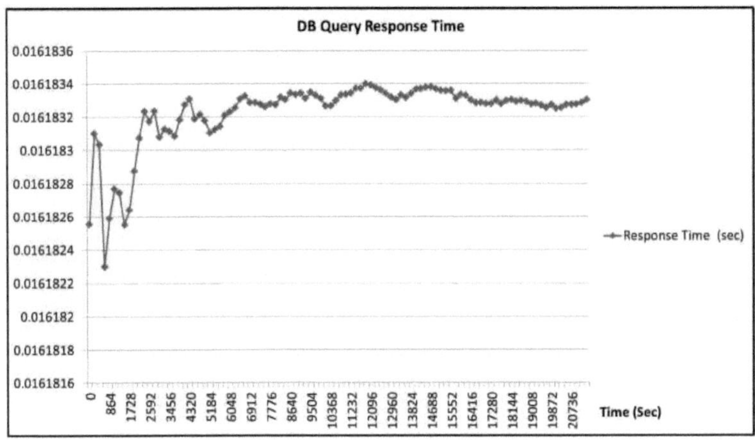

Figura 4-11: Tempo de resposta à consulta da base de dados de clientes

O tempo médio de resposta das três aplicações de base de dados que são executadas na Nuvem de teste é de 0,016 segundos, que será utilizado para medir a eficiência da Nuvem para este fornecedor de serviços.

4.1 Recomendação e resultados da seleção

O cálculo da indexação do fornecedor de serviços é efectuado utilizando os dados de QoS de eficiência recolhidos a partir do estudo de avaliação das aplicações de referência que são executadas na nuvem de teste.

De seguida, mostramos passo a passo o processo de cálculo da classificação para o fornecedor de serviços na nuvem. Os pesos dos clientes são atribuídos aleatoriamente a cada KPI de QoS. Os grupos de QoS de nível superior são a utilização de recursos e o tempo de resposta. Eles também são atribuídos aleatoriamente.

Para cada atributo, é construída uma matriz de classificação relativa utilizando o método seguinte.

- Calculando o Vetor de Classificação Relativa de Serviços (RSRV) para a utilização de recursos a partir da Tabela 4-3 na secção 4.6.2, temos

$$\text{RSRV}_{\text{resource utilization}} = [0.700234 \quad 0.0744976 \quad 0.00000261]$$

- Combinando o RSRV de (CPU, Memória e Rede) e depois multiplicando-o com os pesos dos recursos. Obtemos a Relative Service Ranking Matrix (RSRM) para a utilização dos recursos

$$\text{RSRM}_{\text{resource utilization}} = (0.700234 \quad 0.0744976 \quad 0.00000261) \begin{pmatrix} 0.3 \\ 0.4 \\ 0.3 \end{pmatrix}$$

Therefore, we get $\text{RSRV}_{\text{resource utilization}}$ Value = [0.238]

- Calculando o tempo de resposta médio do cenário de teste que é dado pela Figura 411. Por conseguinte, obtemos

O tempo de resposta $\text{RSRV} = [0{,}0161]$

- Finalmente, agregando todos os RSRVs de todos os KPIs de eficiência e multiplicando-os pelos pesos do nível superior dos KPIs de QoS para obter a matriz de classificação relativa do serviço para o fornecedor de serviços em nuvem disponível.

$$\text{RSRM}_{\text{Cloud Provider}} = (0.238 \quad 0.161) \begin{pmatrix} 0.6 \\ 0.4 \end{pmatrix}$$

Por conseguinte, o valor RSRV para o fornecedor de serviços de computação em nuvem = 0,1428

A classificação relativa do fornecedor de serviços em nuvem pode ser decidida com base no RSRV resultante, que se baseia nos requisitos dos clientes.

Os baixos valores observados podem ser explicados pelo facto de os clientes não utilizarem completamente os recursos atribuídos, uma vez que solicitam recursos em excesso.

Capítulo Cinco

CONCLUSÃO E TRABALHO FUTURO

5.1   Conclusão

A computação em nuvem é um novo paradigma de computação que oferece serviços de dados, software e hardware numa forma de serviço semelhante aos serviços públicos tradicionais, como a água, a eletricidade e a telefonia. A partir deste estudo de investigação, concluímos o seguinte;

*   O quadro foi proposto para escolher os fornecedores de serviços de computação em nuvem mais fiáveis que podem satisfazer as necessidades dos clientes através da elevada emergência e diversidade das suas ofertas de serviços

*   A estrutura proposta envolve o contexto de avaliação de SLA que apresenta sistematicamente a medição dos KPIs de QoS; que é representada na eficiência de utilização de recursos e no tempo de resposta

*   O processo de hierarquia analítica (AHP) foi aplicado para avaliar os serviços em nuvem e classificar os fornecedores, comparando cada resultado de valor com KPIs eficientes.

*   Uma vez que o sistema de apoio à decisão (Cloud Broker) não fazia recomendações aos clientes, estes solicitavam desnecessariamente alguns dos recursos, pelo que estes não eram totalmente utilizados.

*   A proposta da estrutura no contexto da garantia de SLA apresenta sistematicamente a medição do KPI de desempenho de QoS que é representado na eficiência da utilização de recursos e no seu tempo de resposta e classifica os serviços em nuvem com base nesses parâmetros.

*   Ao propor um processo hierárquico analítico (AHP) baseado num mecanismo de classificação, fornece uma forma uniforme de avaliar os serviços em nuvem com base em diferentes aplicações, dependendo dos requisitos de QoS

*   Este estudo mostrou que a utilização da CPU foi a mais elevada e correspondeu bem às necessidades dos clientes; por outro lado, os outros dois recursos foram subutilizados devido ao excesso de pedidos.

*   As necessidades dos clientes foram satisfeitas pelo fornecedor, apesar de alguns recursos não terem sido totalmente utilizados.

*   Este estudo conclui a importância do Cloud Broker e do Auditor externos, que podem fazer corresponder melhor os requisitos aos recursos, de modo a evitar o desperdício de recursos e a reduzir a eficiência

*   Os KPIs de QoS representam um passo significativo para permitir uma medição precisa e a seleção de serviços em nuvem para os clientes de nuvem. Ao utilizar as técnicas apresentadas neste trabalho, os fornecedores de serviços de computação em nuvem podem identificar o seu desempenho em comparação com os seus concorrentes e, por conseguinte, melhorar os seus serviços.

5.2   Trabalho futuro

O nosso trabalho futuro irá aprofundar e produzir as seguintes etapas;

*   A metodologia de classificação será melhorada através de uma investigação mais aprofundada para incluir mais do que um fornecedor de serviços em nuvem, a fim de selecionar o melhor na perspetiva dos clientes para lidar com as variações nos parâmetros de QoS.

*   O modelo de qualidade será alargado para incluir as restantes métricas KPI de medição da QoS e para envolver os

parâmetros não quantificáveis da QoS.

• O "Software as a Service" da nuvem será alargado para utilizar os serviços do quadro proposto, ao mesmo tempo que aprovisiona recursos e programa a execução das aplicações.

• A técnica adequada de verificação de serviços em nuvem será investigada para ser implementada por um corretor terceirizado, a fim de formalizar e padronizar o SLA.

• Ao recolher dados sobre os requisitos dos clientes, devemos ter em conta as suas diferentes necessidades de acordo com as suas especialidades, tipo de negócio e nível educacional. Esta é mais uma prova da necessidade de um agente externo que possa aconselhar os clientes nas suas escolhas.

REFERÊNCIAS

[1]   Mell, Peter e Tim Grance. "A definição do NIST de computação em nuvem". (2011).

[2]   Armbrust, Michael, Armando Fox, Rean Griffith, Anthony D. Joseph, Randy Katz, Andy Konwinski, Gunho Lee et al. "A view of cloud computing". *Communications of the ACM* 53, no. 4 (2010): 50-58.

[3]   Zhang, Qi, Lu Cheng e Raouf Boutaba. "Cloud computing: state-of-the-art and research challenges." *Journal of internet services and applications* 1, no. 1 (2010): 7-18.

[4]   Liu, Fang, Jin Tong, Jian Mao, Robert Bohn, John Messina, Lee Badger e Dawn Leaf. "Arquitetura de referência de computação em nuvem do NIST". *Publicação especial do NIST* 500 (2011): 292.

[5]   Torkashvan, Milad, e Hassan Haghighi. "CSLAM: uma estrutura para gerenciamento de acordos de nível de serviço em nuvem com base no WSLA". Em *Telecomunicações (IST), 2012 Sixth International Symposium on*, pp. 577-585. IEEE, 2012.

[6]   Keller, Alexander, e Heiko Ludwig. "A estrutura WSLA: Specifying and monitoring service level agreements for web services". *Journal of Network and Systems Management* 11, no. 1 (2003): 57-81.

[7]   Shu, Zhang e Song Meina. "Um projeto de arquitetura de gestão de SLA baseado no ciclo de vida". In *Advanced Communication Technology (ICACT), 2010 The 12th International Conference on*, vol. 2, pp. 1351-1355. IEEE, 2010.

[8]   Patel, Pankesh, Ajith H. Ranabahu, e Amit P. Sheth. "Acordo de nível de serviço na computação em nuvem". (2009).

[9]   Al Falasi, Asma, e Mohamed Adel Serhani. "Uma estrutura para verificação e composição de serviços de nuvem baseados em sla". Em *Innovations in Information Technology (IIT), 2011 International Conference on*, pp. 287-292. IEEE, 2011.

[10]   Kosinski, Jacek, Piotr Nawrocki, Dominik Radziszowski, Krzysztof Zielinski, Slawomir Zielinski, Grzegorz Przybylski e Pawel Wnek. "Estrutura de monitorização e gestão de SLA para serviços de telecomunicações". Em *Networking and Services, 2008. ICNS 2008. Fourth International Conference on*, pp. 170-175. IEEE, 2008.

[11]   Nie, Guihua, E. Xueni e Donglin Chen. "Pesquisa sobre acordo de nível de serviço em computação em nuvem". In *Advances in Electric and Electronics*, pp. 39-43. Springer Berlin Heidelberg, 2012.

[12]   Clark, Kassidy P., M. E. Warnier, Frances MT Brazier e Thomas B. Quillinan. "Monitorização segura de acordos de nível de serviço". Em *Availability, Reliability, and Security, 2010. Conferência Internacional ARES'10*, pp. 454-461. IEEE, 2010.

[13]   Hammadi, Adil M., e Omar Hussain. "Uma estrutura para garantia de SLA na computação em nuvem". Em *Workshops de Redes e Aplicações de Informações Avançadas (WAINA), 26ª Conferência Internacional de 2012*, pp. 393-398. IEEE, 2012.

[14]   Lee, Shou-Yu, Dongyang Tang, Tingchao Chen e WC-C. Chu. "Um modelo de middleware de garantia de QoS para computação em nuvem empresarial". Em *Workshops da Conferência de Software e Aplicações de Computador (COMPSACW), 2012 IEEE 36th Annual*, pp. 322-327. IEEE, 2012.

[15]   Alhamad, Mohammed, Tharam Dillon e Elizabeth Chang. "Modelo de confiança baseado em SLA para computação em nuvem". Em *Network-Based Information Systems (NBiS), 2010 13th International Conference on*, pp. 321-324. IEEE, 2010.

[16]   Yan, Shixing, Chunqing Chen, Guopeng Zhao e Bu Sung Lee. "Recomendação e seleção de serviços na nuvem para empresas". Em *Network and service management (cnsm), 2012 8th international conference and 2012 workshop on systems virtualiztion management (svm)*, pp. 430-434. IEEE, 2012.

[17]   Siegel, Jane, e Jeff Perdue. "Medidas de serviços em nuvem para uso global: o Índice de Medição de Serviços (SMI)". Na *Conferência Global SRII (SRII), 2012 Anual*, pp. 411-415. IEEE, 2012.

[18]   Garg, Saurabh Kumar, Steven Versteeg e Rajkumar Buyya. "Smicloud: A framework for comparing and ranking cloud services". Em *Utility and Cloud Computing (UCC), 2011 Fourth IEEE International Conference on*, pp. 210-218. IEEE, 2011.

[19]   Zachos, Konstantinos, James Lockerbie, Brian Hughes e Peter Matthews. "Towards a framework for describing cloud service characteristics for use by chief information officers." Em *Requirements Engineering for Systems, Services and Systems-of-Systems (RESS), 2011 Workshop on*, pp. 16-23. IEEE, 2011.

[20]   Nick, J. "Journey to the private cloud: Segurança e conformidade". *Apresentação técnica, EMC, Tsinghua Univ* 25 (2010).

[21]   Krieger, Orran, Phil McGachey e Arkady Kanevsky. "Habilitando um mercado de nuvens: O vCloud diretor da VMware". *ACM SIGOPS Operating Systems Review* 44, no. 4 (2010): 103-114.

[22]   Agmon Ben-Yehuda, Orna, Muli Ben-Yehuda, Assaf Schuster e Dan Tsafrir. "A nuvem de recursos como serviço (RaaS)". In *Proceedings of the 4th USENIX conference on Hot Topics in Cloud Ccomputing*, pp. 12-12. Associação USENIX, 2012.

[23]   Wilson, M. Ruthruf e T. Kejser. "Analisando considerações sobre caraterização e tamanho de IO". Artigo técnico do Microsoft SQL Server 2008 SQL Server, 2010

[24]   Foster, Ian, Yong Zhao, Ioan Raicu e Shiyong Lu. "Computação em nuvem e computação em grade comparada em 360 graus". No *Workshop sobre Ambientes de Computação em Grelha, 2008. GCE'08*, pp. 1-10. Ieee, 2008.

[25]   Chang, Xinjie. "Simulações de rede com o OPNET". In *Proceedings of the 31st conference on Winter simulation: Simulation---a bridge to the future-Volume 1*, pp. 307-314. ACM, 1999.

[26]   Jadeja, Yashpalsinh, e Kirit Modi. "Computação em nuvem - conceitos, arquitetura e desafios". Em *Computação, Eletrónica e Tecnologias Eléctricas (ICCEET), Conferência Internacional de 2012*, pp. 877-880. IEEE, 2012.

[27]   Motahari-Nezhad, Hamid R., Bryan Stephenson e Sharad Singhal. "Outsourcing business to cloud computing services: Opportunities and challenges". *IEEE Internet Computing* 10 (2009).

[28]   Saurabh, Amit, S. Durga, e S. Jebapriya. "Uma abordagem de avaliação do valor de confiança e do valor de satisfação do usuário usando a lógica difusa para o provedor de serviços em nuvem".

[29]   Garg, Saurabh Kumar, Steve Versteeg e Rajkumar Buyya. "Uma estrutura para classificação de serviços de computação em nuvem". *Future Generation Computer Systems* 29, no. 4 (2013): 10121023.

[30]   Lee, Jae Yoo, Jung Woo Lee e Soo Dong Kim. "Um modelo de qualidade para avaliar o software como serviço na computação em nuvem". Em *Software Engineering Research, Management and Applications, 2009. SERA'09. 7th ACIS International Conference on*, pp. 261-266. IEEE, 2009.

[31]   O'Brien, Liam, Paulo Merson e Len Bass. "Atributos de qualidade para arquitecturas orientadas para os serviços". In *Proceedings of the international Workshop on Systems Development in SOA Environments*, p. 3. IEEE Computer

Society, 2007.

[32]   Al-Shehri, Saleh Fadel S., e Chun Lin Li. "Qualidade de serviço para computação em nuvem". Em *Advanced Materials Research*, vol. 905, pp. 683-686. 2014.

[33]   Buyya, Rajkumar, Chee Shin Yeo, Srikumar Venugopal, James Broberg e Ivona Brandic. "Computação em nuvem e plataformas de TI emergentes: Vision, hype, and reality for delivering computing as the 5th utility." *Future Generation computer systems* 25, no. 6 (2009): 599-616.

[34]   Zhang, Gaofeng, Yun Yang, Xuyun Zhang, Chang Liu e Jinjun Chen. "Principais questões de pesquisa para proteção e preservação da privacidade na computação em nuvem". Em *Cloud and Green Computing (CGC), 2012 Segunda Conferência Internacional sobre*, pp. 47-54. IEEE, 2012.

[35]   Nadanam, Padmapriya, e R. Rajmohan. "Avaliação da QoS para serviços Web na computação em nuvem". Em *Computing Communication & Networking Technologies (ICCCNT), 2012 Third International Conference on*, pp. 1-8. IEEE, 2012.

[36]   Calheiros, Rodrigo N., Rajiv Ranjan, Anton Beloglazov, César AF De Rose, e Rajkumar Buyya. "CloudSim: um conjunto de ferramentas para modelação e simulação de ambientes de computação em nuvem e avaliação de algoritmos de aprovisionamento de recursos." *Software: Practice and Experience* 41, no. 1 (2011): 23-50.

[37]   Wickremasinghe, Bhathiya, Rodrigo N. Calheiros e Rajkumar Buyya. "Cloudanalyst: Um modelador visual baseado em cloudsim para analisar ambientes e aplicações de computação em nuvem." Em *Advanced Information Networking and Applications (AINA), 2010 24th IEEE International Conference on*, pp. 446-452. IEEE, 2010.

APÊNDICES

APÊNDICE A: Folha de cálculo do desempenho atribuído à CPU

Time	Time in Second	SAP Usage in MHZ	SAP Usage (Throughput)	SQL Usage in MHz	SQL Usage (Throughput)	Oracle Usage in MHz	Oracle Usage (Throughput)
3/8/2014 7:12:40 PM	20	3048	12.73	31	0.13	3061	12.79
3/8/2014 7:13:00 PM	40	3056	12.76	70	0.29	3085	12.88
3/8/2014 7:13:20 PM	60	3034	12.67	52	0.22	3015	12.59
3/8/2014 7:13:40 PM	80	3016	12.6	33	0.14	3037	12.68
3/8/2014 7:14:00 PM	100	3036	12.68	61	0.25	3017	12.6
3/8/2014 7:14:20 PM	120	3216	13.43	109	0.45	3011	12.58
3/8/2014	140	3048	12.73	30	0.12	3070	12.82

7:14:40 PM 3/8/2014							
7:15:00 PM 3/8/2014	160	3058	12.77	57	0.23	3056	12.76
7:15:20 PM 3/8/2014	180	3297	13.77	96	0.4	3023	12.63
7:15:40 PM 3/8/2014	200	3045	12.72	31	0.13	3093	12.92
7:16:00 PM 3/8/2014	220	3044	12.71	31	0.13	3062	12.79
7:16:20 PM 3/8/2014	240	3014	12.59	52	0.21	3013	12.58
7:16:40 PM 3/8/2014	260	3022	12.62	30	0.12	3043	12.71
7:17:00 PM 3/8/2014	280	3041	12.7	83	0.35	3170	13.24
7:17:20 PM 3/8/2014	300	3092	12.91	97	0.4	3046	12.72
7:17:40	320	3014	12.59	80	0.33	3068	12.82

Time							
3/8/2014 7:18:00 PM	340	3043	12.71	32	0.13	3157	13.18
3/8/2014 7:18:20 PM	360	3063	12.79	72	0.3	3018	12.61
3/8/2014 7:18:40 PM	380	3025	12.63	64	0.26	3036	12.68
3/8/2014 7:19:00 PM	400	3058	12.77	57	0.24	3028	12.65
3/8/2014 7:19:20 PM	420	3059	12.77	109	0.45	3022	12.62
3/8/2014 7:19:40 PM	440	3043	12.71	46	0.19	3075	12.84
3/8/2014 7:20:00 PM	460	3038	12.69	64	0.26	3041	12.7
3/8/2014 7:20:20 PM	480	3103	12.96	55	0.23	3040	12.7
3/8/2014 7:20:40 PM	500	3017	12.6	33	0.14	3085	12.89

Time								
3/8/2014 7:21:00 PM	520	3035	12.67	56	0.23		3045	12.72
3/8/2014 7:21:20 PM	540	3054	12.75	54	0.22		3057	12.77
3/8/2014 7:21:40 PM	560	3028	12.64	76	0.32		3055	12.76
3/8/2014 7:22:00 PM	580	3079	12.86	31	0.13		3055	12.76
3/8/2014 7:22:20 PM	600	3046	12.72	54	0.22		3032	12.66
3/8/2014 7:22:40 PM	620	3019	12.61	57	0.23		3069	12.82
3/8/2014 7:23:00 PM	640	3058	12.77	87	0.36		3008	12.56
3/8/2014 7:23:20 PM	660	3073	12.83	55	0.23		3016	12.59
3/8/2014 7:23:40 PM	680	3037	12.68	50	0.21		3037	12.69
3/8/2014	700	3038	12.69	41	0.17		3045	12.72

Time							
3/8/2014 7:24:00 PM							
3/8/2014 7:24:20 PM	720	3021	12.62	190	0.79	3056	12.76
3/8/2014 7:24:40 PM	740	3017	12.6	89	0.37	3035	12.68
3/8/2014 7:25:00 PM	760	3069	12.82	99	0.41	3032	12.66
3/8/2014 7:25:20 PM	780	3107	12.97	164	0.68	3015	12.59
3/8/2014 7:25:40 PM	800	3031	12.66	103	0.43	3122	13.04
3/8/2014 7:26:00 PM	820	3052	12.74	181	0.75	3048	12.73
3/8/2014 7:26:20 PM	840	3056	12.76	103	0.43	3027	12.64
3/8/2014 7:26:40 PM	860	3015	12.59	104	0.43	3049	12.73
3/8/2014	880	3042	12.71	105	0.44	3014	12.59

Time							
7:27:00 PM 3/8/2014							
7:27:20 PM 3/8/2014	900	3041	12.7	120	0.5	3046	12.72
7:27:40 PM 3/8/2014	920	3014	12.59	164	0.68	3037	12.68
7:28:00 PM 3/8/2014	940	3088	12.9	112	0.46	3062	12.79
7:28:20 PM 3/8/2014	960	3077	12.85	120	0.5	3011	12.58
7:28:40 PM 3/8/2014	980	3016	12.6	87	0.36	3078	12.86
7:29:00 PM 3/8/2014	1000	3044	12.71	132	0.55	3020	12.61
7:29:20 PM 3/8/2014	1020	3055	12.76	241	1	3012	12.58
7:29:40 PM 3/8/2014	1040	3036	12.68	155	0.64	3023	12.63
7:30:00	1060	3033	12.67	181	0.75	3053	12.75

PM 3/8/2014 7:30:20 PM	1080	3090	12.91	128	0.53	3047	12.72
3/8/2014 7:30:40 PM	1100	3011	12.58	141	0.59	3070	12.82
3/8/2014 7:31:00 PM	1120	3071	12.83	165	0.69	3065	12.8
3/8/2014 7:31:20 PM	1140	3064	12.8	218	0.91	3060	12.78
3/8/2014 7:31:40 PM	1160	3021	12.62	217	0.9	3046	12.72
3/8/2014 7:32:00 PM	1180	3032	12.66	222	0.93	3070	12.82
3/8/2014 7:32:20 PM	1200	3042	12.7	290	1.21	3022	12.62
3/8/2014 7:32:40 PM	1220	3049	12.73	237	0.99	3012	12.58
3/8/2014 7:33:00 PM	1240	3054	12.76	242	1.01	3052	12.75

Time							
3/8/2014 7:33:20 PM	1260	3049	12.74	282	1.17	3045	12.72
3/8/2014 7:33:40 PM	1280	3015	12.59	243	1.01	3016	12.59
3/8/2014 7:34:00 PM	1300	3069	12.82	205	0.86	3061	12.78
3/8/2014 7:34:20 PM	1320	3054	12.75	310	1.29	3015	12.59
3/8/2014 7:34:40 PM	1340	3014	12.59	199	0.83	3027	12.64
3/8/2014 7:35:00 PM	1360	3038	12.69	231	0.96	3079	12.86
3/8/2014 7:35:20 PM	1380	3101	12.95	277	1.15	3028	12.64
3/8/2014 7:35:40 PM	1400	3051	12.74	230	0.96	3067	12.81
3/8/2014 7:36:00 PM	1420	3035	12.68	201	0.84	3061	12.78
3/8/2014	1440	3027	12.64	233	0.97	3047	12.72

Time							
3/8/2014 7:36:20 PM							
3/8/2014 7:36:40 PM	1460	3031	12.66	230	0.96	3016	12.6
3/8/2014 7:37:00 PM	1480	3045	12.72	204	0.85	3049	12.74
3/8/2014 7:37:20 PM	1500	3083	12.88	226	0.94	3031	12.66
3/8/2014 7:37:40 PM	1520	3017	12.6	228	0.95	3014	12.59
3/8/2014 7:38:00 PM	1540	3022	12.62	203	0.84	3095	12.92
3/8/2014 7:38:20 PM	1560	3072	12.83	280	1.17	3013	12.58
3/8/2014 7:38:40 PM	1580	3063	12.79	236	0.98	3011	12.57
3/8/2014 7:39:00 PM	1600	3017	12.6	237	0.99	3038	12.69
3/8/2014	1620	3068	12.81	296	1.23	3060	12.78

Time							
7:39:20 PM							
3/8/2014 7:39:40 PM	1640	3018	12.61	222	0.92	3016	12.59
3/8/2014 7:40:00 PM	1660	3052	12.75	243	1.01	3080	12.86
3/8/2014 7:40:20 PM	1680	3096	12.93	227	0.95	3019	12.61
3/8/2014 7:40:40 PM	1700	3022	12.62	210	0.88	3066	12.8
3/8/2014 7:41:00 PM	1720	3049	12.73	404	1.69	3066	12.8
3/8/2014 7:41:20 PM	1740	3069	12.82	266	1.11	3059	12.77
3/8/2014 7:41:40 PM	1760	3048	12.73	234	0.98	3034	12.67
3/8/2014 7:42:00 PM	1780	3014	12.59	362	1.51	3072	12.83
3/8/2014 7:42:20 PM	1800	3039	12.69	233	0.97	3043	12.71

Time							
PM 3/8/2014 7:42:40							
PM 3/8/2014 7:43:00	1820	3020	12.61	207	0.86	3038	12.69
PM 3/8/2014 7:43:20	1840	3039	12.69	208	0.87	3047	12.73
PM 3/8/2014 7:43:40	1860	3121	13.03	256	1.06	3019	12.61
PM 3/8/2014 7:44:00	1880	3023	12.63	208	0.87	3028	12.65
PM 3/8/2014 7:44:20	1900	3016	12.6	252	1.05	3091	12.91
PM 3/8/2014 7:44:40	1920	3039	12.69	282	1.17	3020	12.61
PM 3/8/2014 7:45:00	1940	3046	12.72	203	0.85	3012	12.58
PM 3/8/2014 7:45:20	1960	3036	12.68	239	1	3041	12.7
PM	1980	3119	13.03	225	0.94	3029	12.65

Time							
3/8/2014 9:25:20 PM	5720	3311	13.83	233	0.97	3016	12.59
3/8/2014 9:25:40 PM	5740	3080	12.86	199	0.83	3291	13.75
3/8/2014 9:26:00 PM	5760	3017	12.6	207	0.86	3038	12.69
3/8/2014 9:26:20 PM	5780	3026	12.64	295	1.23	3020	12.61
3/8/2014 9:26:40 PM	5800	3034	12.67	239	1	3037	12.68
3/8/2014 9:27:00 PM	5820	3018	12.61	205	0.85	3022	12.62
3/8/2014 9:27:20 PM	5840	3088	12.9	264	1.1	3051	12.74
3/8/2014 9:27:40 PM	5860	3042	12.7	271	1.13	3068	12.81
3/8/2014 9:28:00 PM	5880	3022	12.62	205	0.85	3036	12.68
3/8/2014	5900	3032	12.66	226	0.94	3017	12.6

Time							
3/8/2014 9:28:20 PM							
3/8/2014 9:28:40 PM	5920	3036	12.68	223	0.93	3074	12.84
3/8/2014 9:29:00 PM	5940	3096	12.93	259	1.08	3039	12.69
3/8/2014 9:29:20 PM	5960	3049	12.73	278	1.16	3112	13
3/8/2014 9:29:40 PM	5980	3051	12.74	201	0.84	3084	12.88
3/8/2014 9:30:00 PM	6000	3020	12.61	205	0.85	3033	12.67
3/8/2014 9:30:20 PM	6020	3107	12.98	219	0.91	3053	12.75
3/8/2014 9:30:40 PM	6040	3043	12.71	259	1.08	3044	12.71
3/8/2014 9:31:00 PM	6060	3013	12.58	201	0.84	3022	12.62
3/8/2014	6080	3069	12.82	231	0.96	3033	12.67

Time								
9:31:20 PM 3/8/2014								
9:31:40 PM 3/8/2014	6100	3050	12.74	179	0.74		3066	12.81
9:32:00 PM 3/8/2014	6120	3052	12.74	176	0.73		3055	12.76
9:32:20 PM 3/8/2014	6140	3015	12.59	233	0.97		3035	12.68
9:32:40 PM 3/8/2014	6160	3043	12.71	204	0.85		3037	12.68
9:33:00 PM 3/8/2014	6180	3015	12.59	207	0.86		3021	12.62
9:33:20 PM 3/8/2014	6200	3077	12.85	225	0.94		3051	12.74
9:33:40 PM 3/8/2014	6220	3052	12.75	265	1.1		3067	12.81
9:34:00 PM 3/8/2014	6240	3037	12.68	270	1.12		3025	12.63
9:34:20	6260	3030	12.65	231	0.96		3086	12.89

Time							
PM							
3/8/2014 9:34:40 PM	6280	3043	12.71	235	0.98	3056	12.76
3/8/2014 9:35:00 PM	6300	3047	12.72	208	0.86	3046	12.72
3/8/2014 9:35:20 PM	6320	3091	12.91	280	1.17	3024	12.63
3/8/2014 9:35:40 PM	6340	3040	12.7	227	0.94	3069	12.82
3/8/2014 9:36:00 PM	6360	3029	12.65	210	0.88	3023	12.62
3/8/2014 9:36:20 PM	6380	3054	12.76	223	0.93	3049	12.73
3/8/2014 9:36:40 PM	6400	3043	12.71	228	0.95	3053	12.75
3/8/2014 9:37:00 PM	6420	3009	12.57	232	0.97	3022	12.62
3/8/2014 9:37:20 PM	6440	3064	12.8	244	1.02	3023	12.63

Time	Time in sec	SAP Consumed	SAP Active	Oracle Consumed	Oracle Active	SQL Consumed	SQL Active
3/8/2014 7:12:40 PM	20	3034932	201536	2539876	76812	2431228	114348
3/8/2014 7:13:00 PM	40	3035852	201080	2539404	75604	2431432	114480
3/8/2014 7:13:20 PM	60	3035140	242656	2539704	74408	2431384	72720
3/8/2014 7:13:40 PM	80	3034456	242656	2540144	72004	2431336	74392
3/8/2014 7:14:00 PM	100	3034676	241856	2539068	51444	2431416	74464
3/8/2014 7:14:20 PM	120	3035612	199716	2539864	53408	2431364	77160
3/8/2014 7:14:40 PM	140	3034160	197108	2542000	76272	2431272	77084
3/8/2014 7:15:00 PM	160	3035252	197460	2541660	117572	2431064	76952
3/8/2014	180	3035284	24006	2541344	11550	2431784	12048

Time							
4			8		4		4
7:15:20 PM 3/8/2014							
7:15:40 PM 3/8/2014	200	3034420	242552	2541424	136408	2431004	120360
7:16:00 PM 3/8/2014	220	3034644	243064	2540920	136760	2430940	120420
7:16:20 PM 3/8/2014	240	3037028	200464	2541076	138624	2430916	74948
7:16:40 PM 3/8/2014	260	3034856	200300	2541528	139288	2430752	74444
7:17:00 PM 3/8/2014	280	3036208	221848	2540456	76984	2430660	74212
7:17:20 PM 3/8/2014	300	3035436	305532	2541324	76988	2430644	95336
7:17:40 PM 3/8/2014	320	3035056	302852	2542540	77872	2430508	93308
7:18:00 PM 3/8/2014	340	3035400	302740	2540628	77044	2430448	92912
3/8/2014	360	3035468	260040	2540812	75132	2431504	92904

Time						
7:18:20 PM 3/8/2014						
7:18:40 PM 3/8/2014	380	3035128	264164	2541544	73828	2431456	95148
7:19:00 PM 3/8/2014	400	3035760	263056	2540924	115800	2431312	95732
7:19:20 PM 3/8/2014	420	3035340	242708	2540296	116188	2431244	95888
7:19:40 PM 3/8/2014	440	3034788	242684	2545688	116536	2431204	97628
7:20:00 PM 3/8/2014	460	3034796	243224	2543420	155848	2431156	97756
7:20:20 PM 3/8/2014	480	3035492	243508	2543544	157012	2431184	76700
7:20:40 PM 3/8/2014	500	3034964	244544	2544528	157456	2431112	76096
7:21:00 PM 3/8/2014	520	3035604	245176	2543252	162012	2430836	75876
7:21:20	540	3035724	265716	2543704	161768	2430804	117600

Timestamp							
3/8/2014 7:21:40 PM	560	3034796	264952	2542688	162984	2430648	117656
3/8/2014 7:22:00 PM	580	3035372	264104	2541940	96828	2430556	116500
3/8/2014 7:22:20 PM	600	3035060	201100	2542592	96664	2430496	74716
3/8/2014 7:22:40 PM	620	3034992	201516	2543316	95728	2433340	75016
3/8/2014 7:23:00 PM	640	3035696	202324	2541776	158960	2433224	74780
3/8/2014 7:23:20 PM	660	3035244	243036	2542220	160052	2433140	74804
3/8/2014 7:23:40 PM	680	3034408	243988	2543024	160528	2433128	81556
3/8/2014 7:24:00 PM	700	3034792	242136	2542860	160564	2433272	81652
3/8/2014 7:24:20 PM	720	3035484	305068	2542592	159632	2434460	103104

Time							
3/8/2014 7:24:40 PM	740	3034120	306392	2543376	157316	2434496	101032
3/8/2014 7:25:00 PM	760	3035704	306112	2542684	93892	2435980	99624
3/8/2014 7:25:20 PM	780	3035172	240496	2544156	94560	2435868	140156
3/8/2014 7:25:40 PM	800	3034484	240440	2546000	96132	2438628	141932
3/8/2014 7:26:00 PM	820	3034484	240152	2548868	97188	2445132	165328
3/8/2014 7:26:20 PM	840	3036356	241844	2547776	95740	2444456	165624
3/8/2014 7:26:40 PM	860	3035120	243080	2547684	96768	2444244	165732
3/8/2014 7:27:00 PM	880	3035820	244360	2547512	160544	2443776	165816
3/8/2014 7:27:20 PM	900	3036060	243676	2547216	161736	2443428	164064
3/8/2014	920	3034192	18019	2547464	15987	2443200	15994

Time							
7:27:40 PM 3/8/2014			6		6		8
7:28:00 PM 3/8/2014	940	3034876	180844	2547036	116820	2443004	160548
7:28:20 PM 3/8/2014	960	3035676	180444	2548008	116628	2442772	225340
7:28:40 PM 3/8/2014	980	3035444	180444	2546916	116612	2442544	225208
7:29:00 PM 3/8/2014	1000	3035696	180748	2545900	117064	2441608	223536
7:29:20 PM 3/8/2014	1020	3036368	202132	2546692	118404	2441652	221168
7:29:40 PM 3/8/2014	1040	3035340	201968	2547432	118588	2441536	221144
7:30:00 PM 3/8/2014	1060	3034880	203048	2546608	118824	2441312	222040
7:30:20 PM 3/8/2014	1080	3034712	161256	2546148	116128	2441148	160268
3/8/2014	1100	3034264	161256	2546412	115936	2440932	160228

7:30:40 PM							
3/8/2014 7:31:00 PM	1120	3036016	201340	2545996	115740	2440728	160212
3/8/2014 7:31:20 PM	1140	3037288	198688	2545928	117740	2440492	114872
3/8/2014 7:31:40 PM	1160	3035172	198792	2545584	118140	2440376	114884
3/8/2014 7:32:00 PM	1180	3034640	199176	2546472	98156	2440232	115160
3/8/2014 7:32:20 PM	1200	3035844	222144	2545876	99028	2440024	96288
3/8/2014 7:32:40 PM	1220	3035944	222720	2545720	98844	2439804	96440
3/8/2014 7:33:00 PM	1240	3035748	223460	2545400	98848	2439476	96088
3/8/2014 7:33:20 PM	1260	3035180	223256	2545608	96872	2440544	96140
3/8/2014 7:33:40	1280	3035336	222328	2545772	96084	2440432	96304

PM							
3/8/2014 7:34:00 PM	1300	3034336	221784	2544592	95288	2440056	99672
3/8/2014 7:34:20 PM	1320	3034680	221932	2544908	94728	2439876	102024
3/8/2014 7:34:40 PM	1340	3034492	221620	2549068	95380	2439428	102072
3/8/2014 7:35:00 PM	1360	3035256	221944	2546376	95152	2439192	102044
3/8/2014 7:35:20 PM	1380	3034860	221872	2546488	95756	2438928	118228
3/8/2014 7:35:40 PM	1400	3034660	223060	2546848	96960	2438740	117816
3/8/2014 7:36:00 PM	1420	3035504	222780	2544608	117840	2438092	159628
3/8/2014 7:36:20 PM	1440	3035660	181260	2546396	119428	2446420	180896
3/8/2014 7:36:40 PM	1460	3034732	181260	2546276	118392	2446916	181200

Time							
3/8/2014 7:37:00 PM	1480	3035600	179524	2546024	138712	2445972	180892
3/8/2014 7:37:20 PM	1500	3034828	176296	2545516	138468	2445804	158032
3/8/2014 7:37:40 PM	1520	3033744	197268	2546208	138624	2445640	157984
3/8/2014 7:38:00 PM	1540	3034436	196984	2545592	96820	2445280	158144
3/8/2014 7:38:20 PM	1560	3035796	198708	2545716	95048	2444652	200596
3/8/2014 7:38:40 PM	1580	3034472	201252	2545880	95476	2444320	200912
3/8/2014 7:39:00 PM	1600	3035476	202312	2545884	95172	2443400	200576
3/8/2014 7:39:20 PM	1620	3034784	201960	2546080	95768	2443256	202728
3/8/2014 7:39:40 PM	1640	3033492	160108	2546768	94988	2442916	202924
3/8/201	1660	3035092	15957	2545396	93696	2442992	20313

Time							
3/8/2014 7:40:00 PM			6				2
3/8/2014 7:40:20 PM	1680	3035044	201204	2545984	93728	2443116	161688
3/8/2014 7:40:40 PM	1700	3034844	201284	2546320	94292	2442840	161576
3/8/2014 7:41:00 PM	1720	3034388	223740	2544860	138212	2442936	161660
3/8/2014 7:41:20 PM	1740	3035604	224376	2545960	140736	2443320	287712
3/8/2014 7:41:40 PM	1760	3035160	223500	2545444	141488	2446272	284640
3/8/2014 7:42:00 PM	1780	3035392	222972	2544584	120112	2445660	283944
3/8/2014 7:42:20 PM	1800	3034940	221780	2545000	118440	2445620	157904
3/8/2014 7:42:40 PM	1820	3035532	222700	2544764	118464	2445440	158216
3/8/2014	1840	3034836	222072	2544344	117448	2445072	158304

Time							
7:43:00 PM 3/8/2014							
7:43:20 PM 3/8/2014	1860	3034864	241976	2544224	117448	2444408	158860
7:43:40 PM 3/8/2014	1880	3034832	241272	2544408	117436	2443840	159000
7:44:00 PM 3/8/2014	1900	3034900	239880	2545036	96016	2443052	156244
7:44:20 PM 3/8/2014	1920	3034196	242228	2544904	96348	2442880	154044
7:44:40 PM 3/8/2014	1940	3033880	243748	2545304	95540	2442660	157092
7:45:00 PM 3/8/2014	1960	3034100	243956	2543988	159368	2442500	157900
7:45:20 PM 3/8/2014	1980	3034736	242504	2545424	159412	2442200	160244
7:45:40 PM 3/8/2014	2000	3033724	241648	2544688	158780	2442092	160548
7:46:00	2020	3033732	241772	2543564	92760	2442024	160624

Timestamp							
3/8/2014 7:46:20 PM	2040	3036492	159268	2545112	92936	2442000	139560
3/8/2014 7:46:40 PM	2060	3034384	180140	2544532	95624	2441768	138480
3/8/2014 7:47:00 PM	2080	3034524	201696	2543876	75960	2441460	138336
3/8/2014 7:47:20 PM	2100	3035340	201812	2545008	78372	2441256	138356
3/8/2014 7:47:40 PM	2120	3035528	203524	2544624	77076	2440912	117100
3/8/2014 7:48:00 PM	2140	3034500	203164	2543432	76724	2440480	117008
3/8/2014 7:48:20 PM	2160	3035936	245108	2544076	75868	2441860	136908
3/8/2014 7:48:40 PM	2180	3034368	243532	2544760	74768	2441748	136708
3/8/2014 7:49:00 PM	2200	3034640	244292	2543592	74120	2441540	136968

3/8/2014 7:49:20 PM	2220	3034668	242868	2544368	74616	2441796	138336
3/8/2014 7:49:40 PM	2240	3033396	242960	2547616	74620	2440620	138140
3/8/2014 7:50:00 PM	2260	3034680	242668	2545016	76368	2440664	139072
3/8/2014 7:50:20 PM	2280	3033948	242888	2545544	74852	2440660	137748
3/8/2014 7:50:40 PM	2300	3034212	243608	2546408	74968	2440472	95756
3/8/2014 7:51:00 PM	2320	3034588	240288	2544328	96680	2440364	96072
3/8/2014 7:51:20 PM	2340	3035292	158100	2545760	97200	2440260	97320
3/8/2014 7:51:40 PM	2360	3033696	156904	2545636	97236	2440060	139280
3/8/2014 7:52:00 PM	2380	3034456	159064	2544972	76020	2439740	138140
3/8/2014	2400	3034632	15734	2545720	75840	2439528	13752

3/8/2014 7:52:20 PM			8				0
3/8/2014 7:52:40 PM	2420	3034356	157348	2545508	75732	2439416	116548
3/8/2014 7:53:00 PM	2440	3034772	158992	2545312	75572	2439116	116808
3/8/2014 7:53:20 PM	2460	3034820	158964	2545704	76512	2438656	117308
3/8/2014 7:53:40 PM	2480	3033824	160352	2545696	76632	2438468	117240
3/8/2014 7:54:00 PM	2500	3034332	161236	2545412	76936	2438056	117000
3/8/2014 7:54:20 PM	2520	3035088	161172	2545700	75764	2438052	115416
3/8/2014 7:54:40 PM	2540	3034220	159928	2545908	75532	2437876	94492
3/8/2014 7:55:00 PM	2560	3035220	158816	2545188	54568	2437756	94436
3/8/2014	2580	3035156	180404	2545348	54024	2437624	99088

Time	Time in sec	SAP Usage	SAP Data receive rate	Oracle Usage	Oracle Data receive rate	SQL Usage	SQL Data receive rate
7:55:20 PM 3/8/2014							
7:55:40 PM 3/8/2014	2600	3033708	180320	2545576	75108	2437012	120060
7:56:00 PM 3/8/2014	2620	3034628	179400	2544504	76240	2437172	120292
7:56:20 PM 3/8/2014	2640	3035136	157676	2545824	75752	2438944	115324
7:56:40 PM 3/8/2014	2660	3034408	158548	2544936	76572	2437572	136540
7:57:00 PM 3/8/2014	2680	3034580	159616	2544144	76572	2437512	136160
7:57:20 PM 3/8/2014	2700	3034872	199664	2545304	76404	2437376	138984
7:57:40 PM 3/8/2014	2720	3034048	198704	2544924	75860	2436912	99076

APÊNDICE C: Folha de cálculo do desempenho da rede afetada

Time	Time in sec	SAP Usage	SAP Data receive rate	Oracle Usage	Oracle Data receive rate	SQL Usage	SQL Data receive rate

3/8/2014 7:12:40 PM	20	0	0	1	0	0	0
3/8/2014 7:13:00 PM	40	10	9	1	0	0	0
3/8/2014 7:13:20 PM	60	1	0	0	0	0	0
3/8/2014 7:13:40 PM	80	0	0	0	0	0	0
3/8/2014 7:14:00 PM	100	0	0	0	0	0	0
3/8/2014 7:14:20 PM	120	0	0	0	0	0	0
3/8/2014 7:14:40 PM	140	0	0	0	0	0	0
3/8/2014 7:15:00 PM	160	10	9	0	0	0	0
3/8/2014 7:15:20 PM	180	0	0	0	0	0	0
3/8/2014 7:15:40 PM	200	0	0	0	0	0	0
3/8/2014 7:16:00 PM	220	0	0	1	0	0	0
3/8/2014 7:16:20 PM	240	0	0	0	0	0	0
3/8/2014	260	0	0	0	0	0	0

Time							
7:16:40 PM							
3/8/2014 7:17:00 PM	280	10	9	0	0	0	0
3/8/2014 7:17:20 PM	300	0	0	0	0	0	0
3/8/2014 7:17:40 PM	320	0	0	0	0	28	2
3/8/2014 7:18:00 PM	340	0	0	0	0	0	0
3/8/2014 7:18:20 PM	360	28	2	0	0	0	0
3/8/2014 7:18:40 PM	380	0	0	0	0	0	0
3/8/2014 7:19:00 PM	400	10	9	1	0	0	0
3/8/2014 7:19:20 PM	420	2	0	0	0	0	0
3/8/2014 7:19:40 PM	440	0	0	0	0	0	0
3/8/2014 7:20:00 PM	460	0	0	0	0	0	0
3/8/2014 7:20:20 PM	480	0	0	0	0	0	0
3/8/2014 7:20:40 PM	500	0	0	0	0	0	0

Timestamp	520–740						
PM							
3/8/2014 7:21:00 PM	520	10	9	0	0	0	0
3/8/2014 7:21:20 PM	540	0	0	28	2	0	0
3/8/2014 7:21:40 PM	560	0	0	0	0	0	0
3/8/2014 7:22:00 PM	580	3	3	1	0	0	0
3/8/2014 7:22:20 PM	600	3	1	0	0	0	0
3/8/2014 7:22:40 PM	620	0	0	0	0	11	1
3/8/2014 7:23:00 PM	640	10	9	0	0	3	0
3/8/2014 7:23:20 PM	660	0	0	0	0	2	0
3/8/2014 7:23:40 PM	680	0	0	0	0	2	0
3/8/2014 7:24:00 PM	700	0	0	0	0	4	0
3/8/2014 7:24:20 PM	720	0	0	0	0	25	5
3/8/2014 7:24:40 PM	740	0	0	0	0	14	3

Timestamp							
3/8/2014 7:25:00 PM	760	11	10	1	0	24	3
3/8/2014 7:25:20 PM	780	1	0	0	0	4	1
3/8/2014 7:25:40 PM	800	0	0	0	0	69	5
3/8/2014 7:26:00 PM	820	0	0	0	0	48	4
3/8/2014 7:26:20 PM	840	0	0	0	0	1	0
3/8/2014 7:26:40 PM	860	0	0	0	0	4	1
3/8/2014 7:27:00 PM	880	11	10	0	0	2	0
3/8/2014 7:27:20 PM	900	0	0	0	0	1	0
3/8/2014 7:27:40 PM	920	0	0	0	0	30	2
3/8/2014 7:28:00 PM	940	0	0	1	0	2	0
3/8/2014 7:28:20 PM	960	30	3	0	0	1	0
3/8/2014 7:28:40 PM	980	0	0	0	0	1	0
3/8/2014	1000	11	10	0	0	2	0

Time							
3/8/2014 7:29:00 PM							
3/8/2014 7:29:20 PM	1020	0	0	0	0	2	0
3/8/2014 7:29:40 PM	1040	0	0	0	0	1	0
3/8/2014 7:30:00 PM	1060	0	0	0	0	2	0
3/8/2014 7:30:20 PM	1080	0	0	0	0	1	0
3/8/2014 7:30:40 PM	1100	0	0	0	0	1	0
3/8/2014 7:31:00 PM	1120	11	10	1	0	2	0
3/8/2014 7:31:20 PM	1140	2	1	28	2	1	0
3/8/2014 7:31:40 PM	1160	0	0	0	0	1	0
3/8/2014 7:32:00 PM	1180	0	0	0	0	2	0
3/8/2014 7:32:20 PM	1200	0	0	0	0	1	0
3/8/2014 7:32:40 PM	1220	0	0	0	0	3	1
3/8/2014 7:33:00	1240	11	10	0	0	2	0

Time							
PM 3/8/2014 7:33:20							
PM 3/8/2014 7:33:40	1260	0	0	0	0	3	0
PM 3/8/2014 7:34:00	1280	0	0	0	0	1	0
PM 3/8/2014 7:34:20	1300	0	0	0	0	2	0
PM 3/8/2014 7:34:40	1320	1	0	0	0	1	0
PM 3/8/2014 7:35:00	1340	0	0	0	0	1	0
PM 3/8/2014 7:35:20	1360	7	6	0	0	2	0
PM 3/8/2014 7:35:40	1380	4	4	0	0	1	0
PM 3/8/2014 7:36:00	1400	0	0	0	0	3	0
PM 3/8/2014 7:36:20	1420	0	0	0	0	2	0
PM 3/8/2014 7:36:40	1440	0	0	0	0	2	0
PM 3/8/2014 7:37:00	1460	0	0	0	0	1	0
PM	1480	3	3	1	0	2	0

3/8/2014 7:37:20 PM	1500	11	9	0	0	1	0
3/8/2014 7:37:40 PM	1520	0	0	0	0	29	2
3/8/2014 7:38:00 PM	1540	0	0	0	0	2	0
3/8/2014 7:38:20 PM	1560	28	2	0	0	1	0
3/8/2014 7:38:40 PM	1580	0	0	0	0	1	0
3/8/2014 7:39:00 PM	1600	0	0	0	0	2	0
3/8/2014 7:39:20 PM	1620	11	10	0	0	1	0
3/8/2014 7:39:40 PM	1640	0	0	0	0	2	0
3/8/2014 7:40:00 PM	1660	1	0	1	0	2	0
3/8/2014 7:40:20 PM	1680	0	0	0	0	1	0
3/8/2014 7:40:40 PM	1700	0	0	0	0	1	0
3/8/2014 7:41:00 PM	1720	0	0	0	0	2	0
3/8/2014	1740	13	11	28	1	1	0

Time							
3/8/2014 7:41:20 PM							
3/8/2014 7:41:40 PM	1760	0	0	0	0	2	0
3/8/2014 7:42:00 PM	1780	0	0	0	0	2	0
3/8/2014 7:42:20 PM	1800	0	0	0	0	1	0
3/8/2014 7:42:40 PM	1820	0	0	0	0	1	0
3/8/2014 7:43:00 PM	1840	0	0	1	0	2	0
3/8/2014 7:43:20 PM	1860	12	10	1	0	1	0
3/8/2014 7:43:40 PM	1880	0	0	0	0	1	0
3/8/2014 7:44:00 PM	1900	0	0	0	0	2	0
3/8/2014 7:44:20 PM	1920	0	0	0	0	2	0
3/8/2014 7:44:40 PM	1940	0	0	0	0	1	0
3/8/2014 7:45:00 PM	1960	0	0	0	0	2	0
3/8/2014 7:45:20 PM	1980	11	10	0	0	2	0

Timestamp						
PM						
3/8/2014 7:45:40 PM	2000	0	0	0	0	1	0
3/8/2014 7:46:00 PM	2020	0	0	1	0	2	0
3/8/2014 7:46:20 PM	2040	2	0	0	0	1	0
3/8/2014 7:46:40 PM	2060	0	0	0	0	1	0
3/8/2014 7:47:00 PM	2080	0	0	0	0	2	0
3/8/2014 7:47:20 PM	2100	11	10	0	0	2	0
3/8/2014 7:47:40 PM	2120	0	0	0	0	29	2
3/8/2014 7:48:00 PM	2140	0	0	0	0	2	0
3/8/2014 7:48:20 PM	2160	24	0	0	0	2	0
3/8/2014 7:48:40 PM	2180	4	1	0	0	1	0
3/8/2014 7:49:00 PM	2200	0	0	1	0	2	0
3/8/2014 7:49:20 PM	2220	12	10	0	0	1	0

3/8/2014 7:49:40 PM	2240	0	0	0	0	1	0
3/8/2014 7:50:00 PM	2260	0	0	0	0	2	0
3/8/2014 7:50:20 PM	2280	0	0	0	0	1	0
3/8/2014 7:50:40 PM	2300	0	0	0	0	1	0
3/8/2014 7:51:00 PM	2320	0	0	0	0	2	0
3/8/2014 7:51:20 PM	2340	11	10	28	2	2	0
3/8/2014 7:51:40 PM	2360	0	0	0	0	1	0
3/8/2014 7:52:00 PM	2380	4	3	0	0	1	0
3/8/2014 7:52:20 PM	2400	2	1	2	0	2	0
3/8/2014 7:52:40 PM	2420	0	0	0	0	1	0
3/8/2014 7:53:00 PM	2440	0	0	0	0	2	0
3/8/2014 7:53:20 PM	2460	11	10	0	0	1	0
3/8/2014	2480	0	0	0	0	3	0

7:53:40 PM							
3/8/2014 7:54:00 PM	2500	0	0	0	0	2	0
3/8/2014 7:54:20 PM	2520	0	0	0	0	1	0
3/8/2014 7:54:40 PM	2540	0	0	0	0	1	0
3/8/2014 7:55:00 PM	2560	0	0	1	0	2	0
3/8/2014 7:55:20 PM	2580	12	10	0	0	1	0
3/8/2014 7:55:40 PM	2600	1	0	0	0	1	0
3/8/2014 7:56:00 PM	2620	0	0	0	0	2	0
3/8/2014 7:56:20 PM	2640	0	0	0	0	1	0
3/8/2014 7:56:40 PM	2660	0	0	0	0	2	0
3/8/2014 7:57:00 PM	2680	0	0	0	0	2	0
3/8/2014 7:57:20 PM	2700	11	10	0	0	1	0
3/8/2014 7:57:40 PM	2720	0	0	0	0	29	2

PM

Time							
3/8/2014 7:58:00 PM	2740	0	0	0	0	2	0
3/8/2014 7:58:20 PM	2760	1	0	0	0	1	0
3/8/2014 7:58:40 PM	2780	28	2	0	0	1	0
3/8/2014 7:59:00 PM	2800	0	0	0	0	2	0
3/8/2014 7:59:20 PM	2820	11	10	1	0	1	0
3/8/2014 7:59:40 PM	2840	0	0	0	0	1	0
3/8/2014 8:00:00 PM	2860	0	0	0	0	8	1
3/8/2014 8:00:20 PM	2880	0	0	0	0	2	0
3/8/2014 8:00:40 PM	2900	0	0	0	0	1	0
3/8/2014 8:01:00 PM	2920	0	0	1	0	2	0
3/8/2014 8:01:20 PM	2940	12	10	29	2	2	0
3/8/2014 8:01:40 PM	2960	0	0	0	0	2	0

3/8/2014 8:02:00 PM	2980	0	0	0	0	2	0
3/8/2014 8:02:20 PM	3000	0	0	0	0	2	0
3/8/2014 8:02:40 PM	3020	0	0	0	0	3	1
3/8/2014 8:03:00 PM	3040	0	0	0	0	2	0
3/8/2014 8:03:20 PM	3060	17	10	0	0	3	0
3/8/2014 8:03:40 PM	3080	0	0	0	0	1	0
3/8/2014 8:04:00 PM	3100	0	0	0	0	2	0
3/8/2014 8:04:20 PM	3120	0	0	2	0	2	0

APÊNDICE D: Entrada de dados do Iómetro (Configuração de teste SAP)

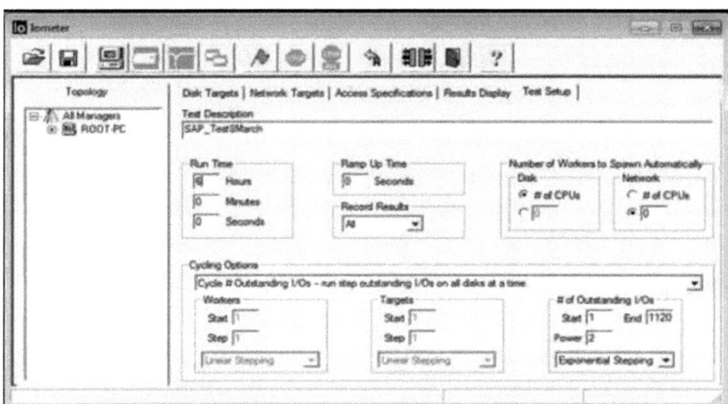

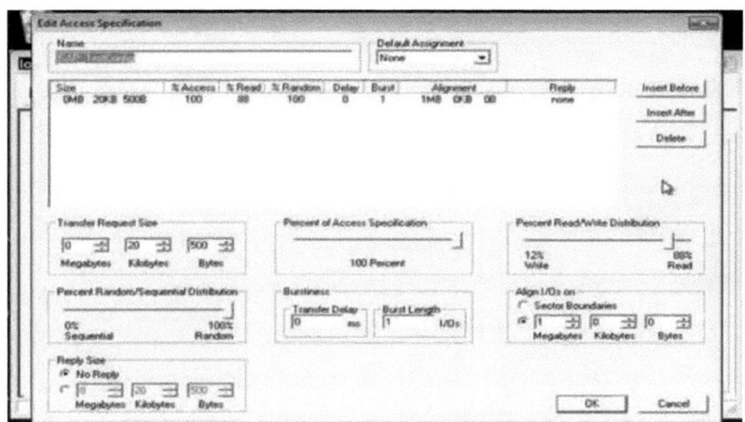

APÊNDICE E: REQUISITOS DO CLIENTE DO VCLOUD DIRECTOR E CATÁLOGO DE SERVIÇOS DO FORNECEDOR.

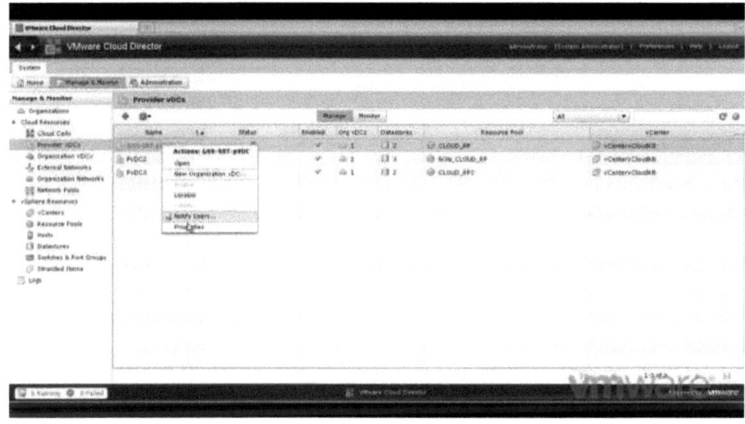

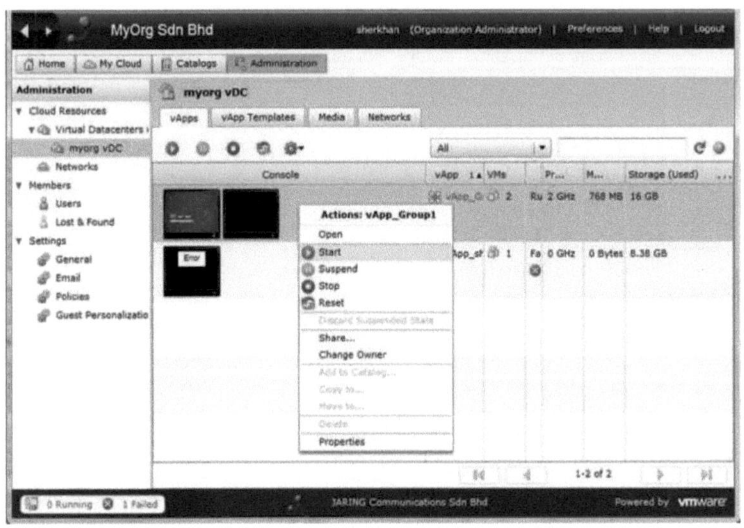

MyOrg Sdn Bhd
sherkhan (Organization Administrator) | Preferences | Help | Logout
Home | My Cloud | Catalogs | Administration
Administration
myorg vDC
Cloud Resources
Virtual Datacenters
myorg vDC
Networks
Members
Users
Lost & Found
Settings
General
Email
Policies
Guest Personalizatio
vApps | vApp Templates | Media | Networks
All
Console
vApp 1 VMs Pr... M... Storage (Used)
vApp_G 2 Ru 2 GHz 768 MB 16 GB
Actions: vApp_Group1
Open
Start
Suspend
Stop
Reset
Discard Suspended State
Share...
Change Owner
Add to Catalog...
Copy to...
Move to...
Delete
Properties
App_st 1 Fa 0 GHz 0 Bytes 8.38 GB
Error
1-2 of 2
0 Running 1 Failed
JARING Communications Sdn Bhd
Powered by vmware

I want morebooks!

Buy your books fast and straightforward online - at one of world's fastest growing online book stores! Environmentally sound due to Print-on-Demand technologies.

Buy your books online at
www.morebooks.shop

Compre os seus livros mais rápido e diretamente na internet, em uma das livrarias on-line com o maior crescimento no mundo! Produção que protege o meio ambiente através das tecnologias de impressão sob demanda.

Compre os seus livros on-line em
www.morebooks.shop

MIX
Papier aus verantwortungsvollen Quellen
Paper from responsible sources
FSC® C105338

FSC
www.fsc.org

Printed by Books on Demand GmbH, Norderstedt / Germany